ゼロからわかる チームのつくり方大全

伊庭正康
著

ナツメ社

はじめに

「リーダーにならないか？」という声がかかったとき、あなたはどう感じるでしょうか？

たとえ自信がなくても安心してください。私もそうでした。

リーダーとして自信がある人はほとんどいません。

名リーダーとして有名なユニクロの創業者・柳井正氏（株式会社ファーストリテイリング代表取締役会長兼社長）ですら、こう言っています。

『私自身だって最初からリーダーとしてやっていけると思ったわけではないし、今も思ってはいません。

リーダーは自信がなくても、自信があるふりをしなければならないんです。』

（「プレジデント」（プレジデント社）2022年7月29日号）

自信がないくらいでいいのです。そのほうが謙虚に学べます。

■「自分は向いていないから」が、なりたくない理由1位

JMAM（日本能率協会マネジメントセンター）が2023年4月にインターネットで実施した「管理職の実態に関するアンケート調査」によると、**一般社員の約77・3%が「管理職になりたくない」と回答しました。**

「自分はリーダーに向いていない」と考える人が多くいることが見てとれます。

ところが、実際にやってみると管理職の面白さに気づくことが多いのも事実です。

この調査結果で注目すべきポイントは、実際に管理職になって、「管理職になりたくないと感じていたネガティブな状態」から、「管理職を続けたいと感じるポジティブな状態」へと意識が変わった管理職が、16・7%いることです。

リーダーをやってみたことで、ネガティブな気持ちから、リーダーを続けたいポジティブな気持ちへと変化する人が、決して少なくないことがわかります。

【 管理職になって、どう思った？ 】

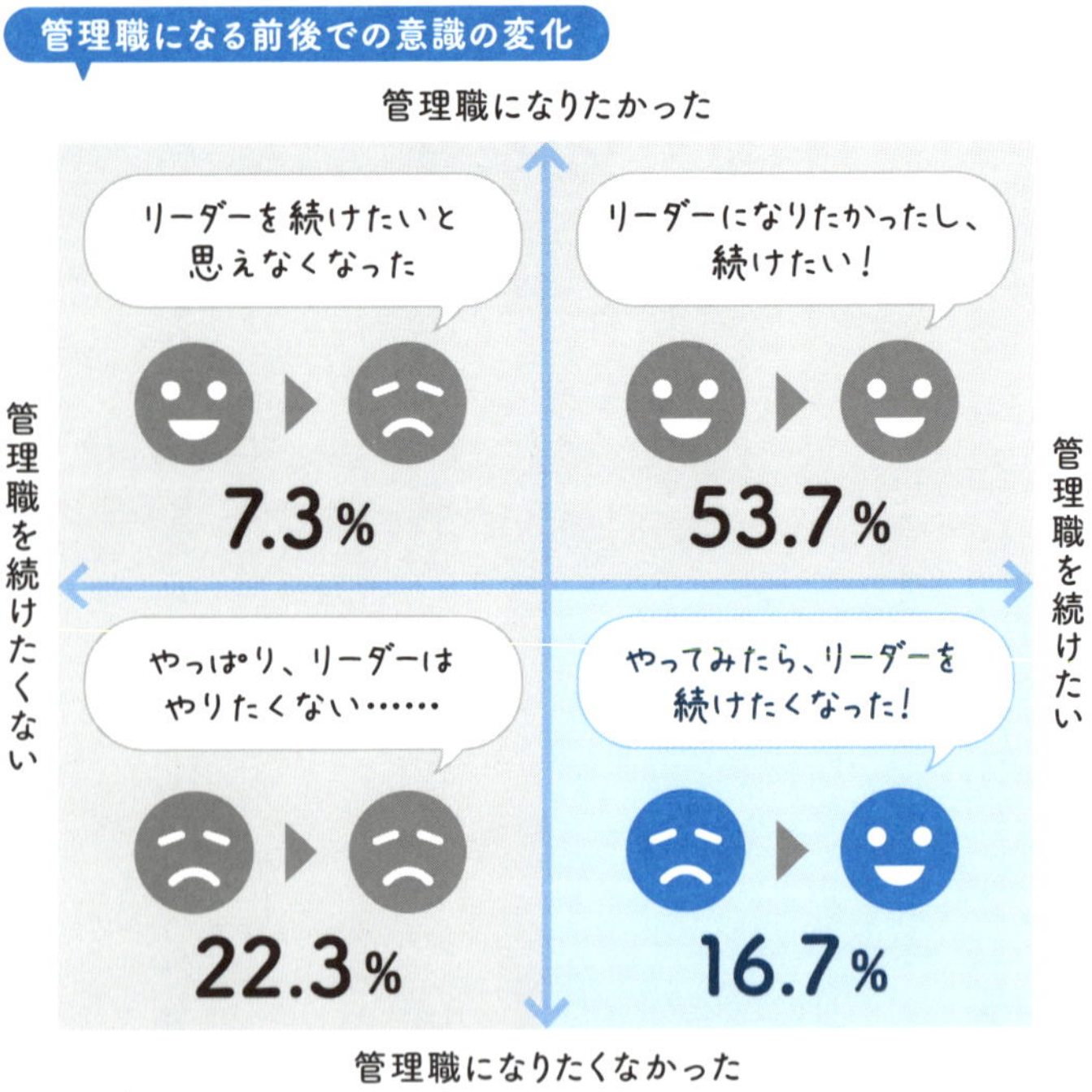

参考：「管理職の実態に関するアンケート調査」(2023年4月) JMAM（日本能率協会マネジメントセンター）

つまり、リーダーになることは、自分の意識を変える機会でもあり、自分を大きく飛躍させる絶好のチャンスにもなるということなのです。

私自身も、かつては「マネージャーになる前に会社を辞めたい」と思っていたタイプでした。しかし、リーダーの役割を務めるなかで、自然と自分の視座が広がり、人としての成長を実感するようになりました。

「やってみて初めて気づく」ことがリーダーシップにはたくさんあります。


人の心を動かし、合理的に結果も出す。

言葉にすると簡単ですが、これが本当に奥が深いのです。

考えることも多いのですが、そのぶん、喜びはプレイヤーのときには味わえないほど大きなもの。影響を与える人になるからこそ得られることなのです。

このチャンスを逃してしまうのは、本当にもったいないことです。

■リーダーは「役割」として演じればいい

「自分はリーダーに向いていない」と考える人も安心してください。リーダーシップは「向き不向き」を考えるものではないのです。

リーダーは、あくまで「仕事上の役割」です。
あなたがリーダーになることに自信がないなら、こう考えるといいでしょう。

「リーダーは演じるもの」

俳優が役を演じるように、リーダーとしての自分を演じてみるのです。リーダーを演じているうちに、必要なスキルや考え方が身につき、それが自分の成長へとつながります。まさに、さきほどの柳井正氏がこのパターンでした。

それでも難しいと思うなら、こう考えてみてください。
営業部に配属された新入社員が営業先リストを渡されて電話をかけるよう指示を受けたとします。
この新入社員が「すみません。人見知りなので、電話は一切できません」と言って通用するでしょうか？

「いやいや、仕事だからやってください」となるに決まっています。

どんなに苦手だとしても、仕事では避けられない場面があります。リーダーになるまでにも、最初は不得意でぎこちなかった業務があったと思います。それでも、経験を重ねるうちに自分のスタイルができ、やがて自然とこなせるようになったのではないでしょうか。

リーダーシップも同じです。

「個人の私」と「リーダーの私」を切り分け、リーダーとしての役割をしっかり演じていけば、自然とその役割にふさわしい自分へと成長します。

もともとシャイな性格で、人前で話すのが苦手なAさんという若手リーダーがいました。急に話し上手になることは難しいと考えた彼は、まずは「大事なことを簡潔に伝えられるリーダー」像を演じることにしました。そして、リーダーとしての役割を全うするための第一歩として、「今日の目標を短く伝える」という習慣を続けていきました。

最初はメモを見ながら話していたAさんですが、半年後には自然にメンバーの顔を見て話せるようになり、メンバーから「わかりやすい」と評価されるようになったのです。

リーダーを演じることは、自分を鍛えるための絶好の機会です。

リーダーにゴールはない

みなさんは、「リーダーとして成功した」「自分は完璧なリーダーだ」と胸を張る人に出会ったことはあるでしょうか？　おそらく、ほとんどいないはずです。

どんなに経験豊富な人でも、リーダーシップには終わりがありません。

それは「リーダーシップジャーニー」という言葉にも表れています。リーダーは、一生続く旅、というわけです。

リーダーの役割を引き受けると、「本当にこれでいいのか」と悩むこともあるでしょう。実際、著名なリーダーたちも「常に試行錯誤している」と語っています。
それでいいのです。
大事なのは、失敗を恐れずに一歩を踏み出し、その中で学び続けることです。

最初からリーダーとして完璧を目指す必要はありません。むしろその「未完成さ」を受け入れながら、成長を続けることが大切です。小さな成功を積み重ねていくことで、リーダーとしての自信が少しずつ育っていきます。

■「リーダーになったら知りたいこと」を効率よく押さえる

本書では、リーダー1年目の方や、まだまだリーダーとして自信がないという方が知っておきたい基本スキルや知識を3章に分けて解説しています。
Part1では、リーダーとしての役割を理解し、どのようなマインドセットを持つべきかを中心に解説します。これは、リーダーとしての土台を固める部分です。

Ｐａｒｔ2では、メンバーとの信頼関係を築き、円滑に仕事を進めるための具体的なコミュニケーションの方法を紹介します。現場リーダーが悩むシチュエーションが多数登場しますので、自分の場合に置き換えて、メンバーとうまく関わるためのヒントを探してみてください。

Ｐａｒｔ3では、目標を共有し、メンバーの力を引き出すチームビルディングの基礎を解説します。リーダーとメンバーというタテの関係だけでなく、メンバー間のヨコの関係をつなぐことで、チームがまとまり、円滑に動かすことができます。

プレイングマネージャーとして忙しい日々を過ごすなかでも、「これくらいならできる」と思えるように、特に1年目リーダーに焦点を当てて、最低限必要なスキルや知識に絞り込んでいます。

キーワードごとに必要なスキルや知識を整理しているため、気になる項目から拾い読みすることも可能です。自分にとって必要そうなところ、今すぐ実践できそうなところから少しずつ挑戦してみてください。

リーダーという役割は、きっとあなた自身を成長させてくれます。

本書が、リーダーとしての「旅路」の第一歩を踏み出すお手伝いになれば幸いです。

株式会社らしさラボ　代表取締役

伊庭正康

ゼロからわかる　チームのつくり方大全

CONTENTS

KPI
KPI
KPI
KPI
KPI
KPI
KPI

Part 2

メンバーの「やりたい！」を引き出す コミュニケーションの基本

Part 3

チームビルディング

共通ビジョンで成長が加速する

意見
考え
おしゃべり
おしゃべり

Part 1

リーダーになったら知っておきたい

リーダーシップ&マネジメント

「自分が主役でなくてもいい」メンバーが輝けるようにサポートする

リーダーとして初めて役職に就くと、これまでの仕事とはまったく異なる課題や喜びに直面します。まずはリーダーに期待される役割や、どのように自分を成長させていくべきかについて考えていきましょう。

リーダーになると、急にほめられる機会が減る

リーダーになったとき、多くの人がまず感じるのは「ほめられる機会が減った」という現実です。

プレイヤー時代は、個人の努力がそのまま成果として評価され、上司や同僚から「よくやった!」と声をかけられることが多かったでしょう。

しかし、リーダーになると、評価基準は「個人の成果」から「チーム全体の成果」に変わります。その結果、自分自身が目立つ場面が少なくなり、「認められている感（承認感）」が薄れたと感じることがあるのです。

たとえば、営業成績を上げて表彰されていた名プレイヤーが、リーダーになって「チーム全体の成功」を評価されるようになると、自分個人の名前は挙がらなくなるのが当たり前になります。むろん、営業に限らず、どの職種でも同じです。

こうした変化に戸惑いや寂しさを感じるかもしれません。

しかし、この寂しさは、リーダーとしての新しいステージに進んだからこそ生じるもの。あなただけではなく、リーダーとしての成長の過程で誰もが通る道ですので、安心してください。

初期段階では、こうした感情を抱えることが普通であると理解しておくことが、次のステップへの心の準備になります。

「自分が評価されること」よりも「チームを成長させること」に目を向けて、リーダーの階段を上り始めましょう。

■「主役は自分」から「主役はメンバー」に切り替える

リーダーに抜擢される人の多くは、プレイヤー時代に優れた成果を出してきた人です。自分の力で課題を解決し、周囲から信頼されてリーダーに選ばれたという成功体験があるため、「自分が動けば早い」と考えがちです。

しかし、リーダーになると、「主役は自分」ではなく「主役はメンバー」という視点への切り替えが求められます。特にプレイヤーとして評価されてきた人ほど、この転換に戸惑いを覚えることが多いでしょう。

「自分が頑張れば早く結果が出る」という考え方を捨てられず、つい自分で全部こなしたり、細かく指示を出してメンバーをコントロールしたりしてしまうのです。

リーダーが「自分がやったほうが早い」と前に出すぎると、メンバーの成長を妨げてしまいます。

むしろ、リーダーの真の役割は「メンバーが輝ける場を作ること」にあります。

この点を理解するために、「輝く」と「照らす」の違いを考えてみましょう。


〈輝く〉自分自身が動くことで結果を出す。

〈照らす〉メンバーを支え、彼らが輝けるようにサポートする。


プレイヤー時代は自分が輝くことが求められましたが、リーダーは「自分が光る」のではなく「メンバーを照らす」役割です。

たとえば、営業チームのリーダーがプレイヤー時代の延長で「自分が一番売る!」

と頑張り続けると、メンバーはその背中を見て「自分たちは補助でいい」と感じ、受け身になります。

反対に、あなた自身ができることであっても、あえて役割分担でメンバーに考えてもらう機会を作ったり、具体的な対策を一緒に考えたり、結果が出たときに全体で喜び合ったりすることで、彼らの成長を促しながらチーム全体の力を引き出すことができます。

リーダーとしての最初の一歩は、「自分が主役でなくてもいい」という覚悟を持つことです。それが、チーム全体を成長させる鍵となります。

リーダーの評価は遅れてやってくる

プレイヤー時代は、自分が努力した分だけすぐに成果が出て、それが直接評価につながるという即時性がありました。

しかし、**リーダーの仕事は成果が出るまでに時間がかかることが多く、評価も「時**

間差」で訪れます。

たとえば、新人に何らかの資料作成を任せたとき、最初はミスが多く、かえって手間が増えるかもしれません。フィードバックや修正が多く、「結局、自分でやったほうが早いのではないか」と思うこともあるでしょう。

しかし、半年後、その新人が独力でこなせるようになり、周囲から「素晴らしい提案だ」と評価される場面を目にしたとき、「リーダーとしての努力が実った」と実感できるはずです。

また、数年後、成長した部下が「リーダーがあのとき指導してくれたおかげで、今の自分があります」と感謝の言葉を伝えてくれることもあります。

これは短期間では得られないリーダーとしての最大の喜びの1つです。

部下の成長を見守り、時に励まし、時に背中を押し続けた結果、リーダー自身も「育てることの意味」を実感することができます。

チーム全体の改善も同様です。

リーダーが自分でやり方を決めるのではなく、あえてメンバーが考えるプロセスを作ることで、そのときは〝じれったい〟ジレンマを抱えることもあるでしょうが、半年後、思った以上に効率化が進み、生産性が向上するといったケースは珍しくありません。

このように、リーダーの仕事は「すぐに結果に表れない」ことを知っておくと、目に見える変化がなくても、日々の努力に自信を持てるようになります。

成果が目に見える形で表れないと、焦ったり、「自分は役に立てていないのでは?」と不安に感じたりすることもあるかもしれません。

そんなときは、「リーダーの評価は遅れてくる」という心構えで、焦りを感じてもあえて気長にメンバーのサポートを続けましょう。

それが、リーダーの基本スタンスになります。

Part1では、長期的な視点でリーダーとして活躍するために、リーダーシップやマネジメントの基本を解説します。

リーダーシップの考え方や目標の立て方、PDCAを活用したマネジメントや時間管理、リーダーに必要な決断力や判断力など、リーダーの土台となる知識やスキルをしっかりと理解し、実践していきましょう。

リーダーとして成功するための心構え

1 承認感が薄れる寂しさを受け入れる

2 「主役はメンバー」という意識に切り替える

3 成果は「時間差」で表れることを理解する

リーダーシップ＆マネジメント
01

チームづくりに欠かせない3つの要素を整える

よいチームに不可欠なものがある

リーダーになったら、まず絶対に知るべきことは、強いチームにするための3つの条件です。さもないと、一人ひとりのエネルギーを1つにすることはできません。

強い組織には、かならず「ビジョン（共通目的）」「貢献意欲」「コミュニケーション」という3つの要素が存在します。この考え方は、アメリカの経営学者チェスター・バーナードによって提唱されたもので、「組織の3要素」として知られています。

彼は、著書『経営者の役割』（1938年）で、「組織は、(1)相互に意思を伝達できる人々がおり、(2)それらの人々は行為を貢献しようとする意欲をもって、(3)共通目的の達成をめざすときに、成立する」と記しています。

つまり、組織を効果的に機能させるためには、この3つの要素が不可欠なのです。

ビジョン（共通目的）

ビジョンは、「チームがどこを目指して何を成し遂げようとしているのか」という「目的」のことです。ビジョンがあれば、チーム全体の方向性が一致し、メンバーが一体感を持って行動できます。

たとえば森に道を作るとしましょう。このとき、「あなたは木を切ってください」や「あなたは石を取り除いてください」と作業内容だけ指示されても、何のために頑張るのかがイマイチ伝わりません。

「3ヵ月でこの森に道を作ろう。この村に住む人を幸せにするために」

こうするとどうでしょうか。「いつ、何を、何のために」成し遂げるのかが、理解できるようになります。ビジョンは具体的に伝えることがポイントなのです。

貢献意欲

次に、メンバーがビジョンを自分ごととして捉え、自発的に動くようになるためには、貢献意欲が喚起される状況が必要です。**貢献意欲とは、「自分の力を発揮してチームに貢献したい」と思う気持ちのこと。**

木を切り倒す、地面を整える、道の方向を指示するといった役割に加えて、ある程度の裁量を与えることで、メンバーが主体的に力を発揮できる環境を整えます。「自分の役割が明確である」ということがとても重要です。役割を果たし、チームに貢献することで、メンバーの満足感や意欲が高まり、全員のエネルギーがビジョンに向かいます。

コミュニケーション

そして、何よりも重要なのは、お互いの意見や感情を伝え合い、理解しようと努める「双方向の自然なコミュニケーション」が取れていることです。一方通行で表面的な情報伝達ではコミュニケーションが不足して、作業が滞る原因になります。

事故が起きないように「木を切り倒すタイミング」を伝え合ったり、道がぴったり

【バーナード「組織の3要素」】

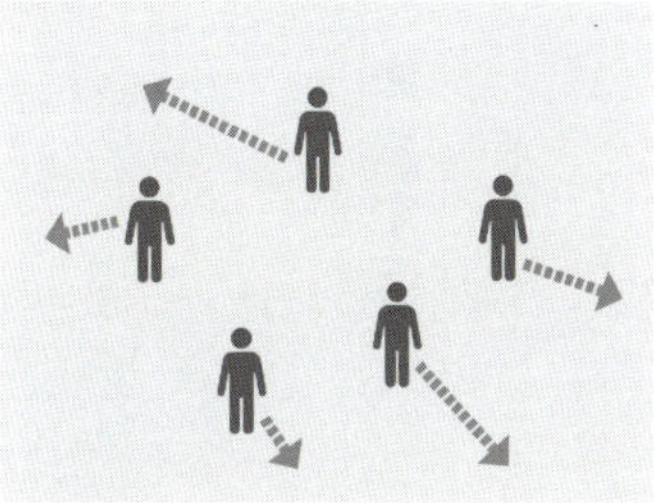

ただ集められたメンバー。エネルギー(矢印)の長さも方向性もバラバラ。

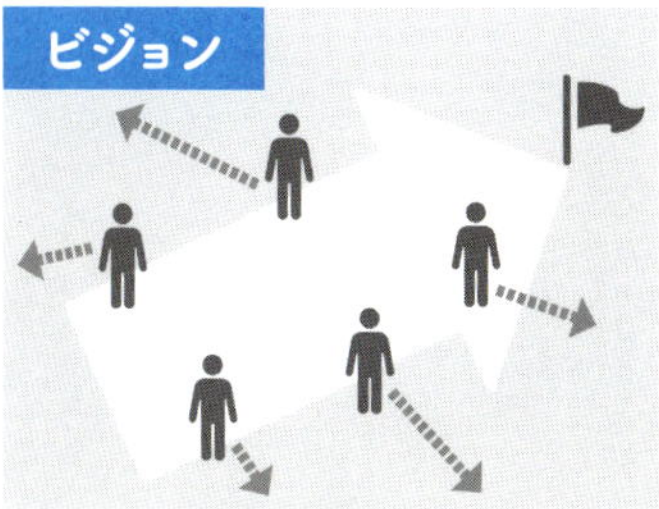

チーム共通の目的を示す。メンバーはまだ受け身の状態。

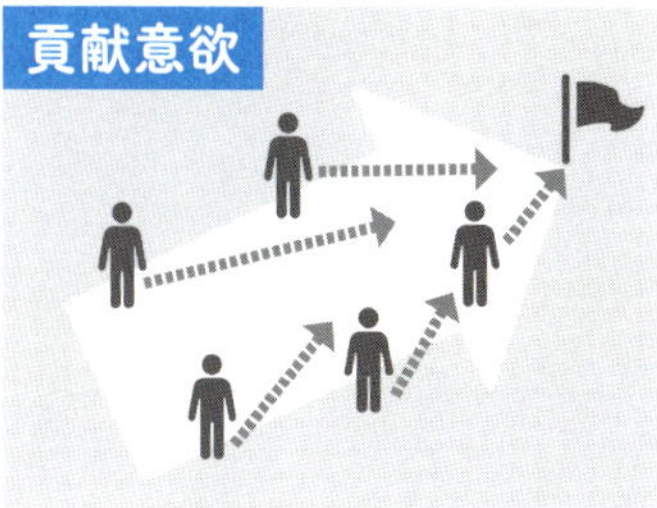

メンバーが貢献したいと思える環境を整えると、方向性が揃い自発的に動き出す。

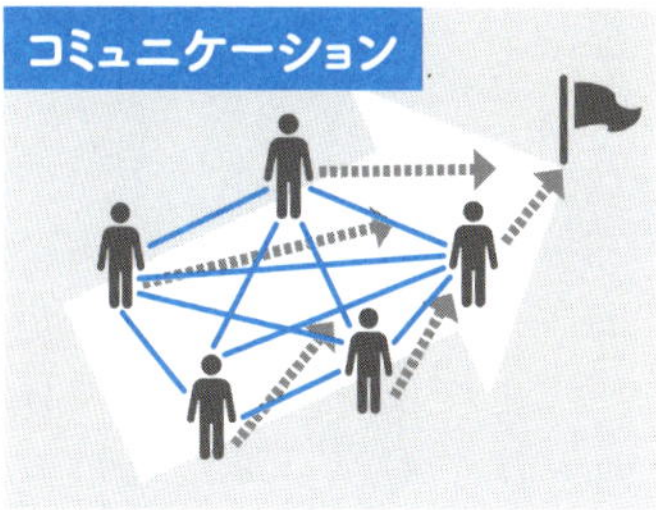

双方向のコミュニケーションを増やすと、チームが活性化し、効率よく回る。

とつながるように「整備する方角や道幅」を繰り返し確認し合ったりすることで、作業をスムーズに進めることができます。

反対意見や言いにくいことも言える環境を作ることで、意見交換が活発になり、信頼関係が築かれていきます。

この3つの要素が揃うことで、チーム全体が力を合わせて、効率よく目標を達成できるのです。

うまくいっているチームには、これらの要素がしっかり揃っています。逆に、**うまくいっていないチームは、このどれか、もしくはすべてが欠けていることが多いのです。**3つともない場合、メンバーはただ会社に来ているだけの状況です。

まずは「コミュニケーション」に力を注ぐ

リーダーとして最初にするべきことは、自分のチームにこの3つの要素が揃っているかを確認し、足りない部分や改善が必要な点に取り組むことです。

とはいえ、新しいリーダーがいきなり「私たちのチームは○○を目指します」と宣言しても、メンバーがついてこないこともあるでしょう。関係性が築けていない状況でビジョンを示しても、メンバーは「やらされている」と感じてしまいます。

リーダーとして**初めてチームを率いる場合、まずはコミュニケーションに注力することをおすすめします。**

最初の1〜3ヵ月くらいは、メンバーと積極的に会話し、チームの状況を観察して情報を収集します。こうすることで、次に必要なアクションが見えてきます。コミュニケーションの具体的な方法については、Part2で詳しく紹介していますので、参考にしてください。

次に、メンバーに仕事を任せて、貢献意欲を高めましょう。

そのためには、メンバーがスキルや能力を発揮できる場を作り、彼らが「チームの役に立っている」と実感できる状況を整えます。鍵となるのは、「自己決定感」。あれこれ言うのではなく、自分で考えるプロセスが主体性を高めます。

リーダーがメンバーの仕事ぶりを認め、積極的に任せることで、メンバーの承認欲求が満たされ、モチベーションが向上します。

ここまできたら、全員が共通の目的に向かって進めるように、チームとしてのビジョンを明確にしましょう。会社から指示された目標だけでは、十分とはいえません。「○○までに○○の状況にする」「○○までに○○を解決する」といったチーム独自の挑戦を考えることも、できるリーダーの条件なのです。メンバーとの関係性ができているので、ビジョンの共有も難しくありません。これにより、メンバーがいきいきと、一致団結して同じ方向に進むことができます。

こうした段階的なアプローチは、特にリーダー1年目の場合に有効です。自分のチームに何が足りていて、何が必要なのかを見極め、着実に取り組みましょう。

自分の得意なことを封印する

実は、コミュニケーションは取れており、ビジョンも示している。それでも、メンバーの貢献意欲が乏しく、進んでコミットしてくれないケースは少なくありません。

大きな理由の1つは、プレイヤー気質が抜け切らないリーダーが、つい自分でやってしまうためです。**プレイヤーとして優れていた経験を持つリーダーほど、仕事を任**

せる難しさを感じてしまうかもしれません。

「自分がやったほうが早い」「自分がやればうまくいく」と考えてしまうと、メンバーに仕事を任せる機会が失われ、貢献意欲が低下してしまいます。

リーダーには、少しの我慢も必要。自分の得意なことを封印して、メンバーに任せる姿勢が求められます。**たとえ自分のほうが上手にできるとしても、メンバーが成長しチーム全体が力をつけるためには、彼らに挑戦させる機会を与えることが必要です。**

もちろん、最初はメンバーがうまくできないこともあるかもしれません。しかし、リーダーが支援しつつも任せ続けることで、メンバーは徐々に経験を積み、自信をつけていきます。このプロセスを通じて、チーム全体のパフォーマンスが向上し、チームが強くなっていきます。

関連Keyword

● 聞く②／拡大質問 ⇓ 114ページ
● ビジョン① ⇓ 184ページ

リーダーシップ＆マネジメント
02

引っ張るリーダーと支えるリーダーを使い分ける

どんなリーダーを目指すか？

リーダーに指名されたとき、「自分にはリーダーシップがない、どうしよう」と悩む方も多いと思います。その気持ちはよくわかりますし、多くの人が「自分に合うリーダーシップとは何か？」と模索しているのを見てきました。

しかし、リーダーシップは「自分のスタイル」にこだわるのではなく、「チームの状況」に応じて変えることが大切です。リーダーとしての役割は、チームの成熟度や状況に合わせて柔軟に対応することにあります。つまり「使い分け」をするのです。

人や組織を目指す方向へと導くリーダーシップには、大きく分けて「引っ張るリーダー」と「支えるリーダー（サーバント型リーダーシップ）」の2つのスタイルがあります。まずはこの2つを使い分けるといいでしょう。

引っ張るリーダーは、先頭に立ってメンバーを導き、目標に向かって突き進むタイプのリーダーです。このスタイルは、特にメンバーの経験やスキルが十分でない場合に効果的で、若いメンバーにフィットする手法です。

「これを目指すぞ！」と旗を振り、明確な方向性を示すことで、メンバーの士気を高め、一体感を生み出します。

一方で、**支えるリーダーは、メンバーを後ろから後押しし、彼らが最大限のパフォーマンスを発揮できるよう支援するリーダーです。**このスタイルは、チームメンバーが成熟していて、高い専門性やスキルを持っている場合に向いています。

たとえば、ベテランのチームを率いる場合や、役員が部長職をとりまとめる場面などが該当します。各メンバーが独自のやり方で成果を上げている場合、むやみに指示を出すのではなく、サポートしながら彼らの能力を活かすことが求められます。

メンバーの成熟度（シチュエーション）に応じて対応の仕方を変える手法は、アメリカの行動科学者ポール・ハーシーと経営コンサルタントのケネス・ブランチャードが提唱した「SL（シチュエーショナルリーダーシップ）理論」の考え方です。

左の図のように、4つの働きかけ方があることを知っておきましょう。

自分のスタイルが通用しない

私自身の経験からも、リーダーシップスタイルの使い分けの重要性を痛感しています。若手チームを率いたときは、引っ張るリーダーとして短期間で成果を上げることができましたが、その後、年上のトップパフォーマーたちを束ねるチームに着任した際、それまでの「引っ張る」スタイルが通用せず、大きな壁にぶつかったのです。

この新しいチームは、全員が自分の流儀を持ち、それぞれのやり方で仕事をしている人たちでした。彼らに「新しいサービスを作りたい」と旗を振っても、「なんで自分たちがそれをやらなければならないのか」と反発されました。

【SL（シチュエーショナルリーダーシップ）理論】

横軸は「指示や指導の度合い」、縦軸は「相談や支援の度合い」を示し、リーダーの働きかけ方を4つに分類した図。メンバーの成熟度が低いときは明確な「指示的」「説得的」行動で引っ張るスタイルが適し、成熟度が高まると「参加的」「委任的」な行動で支えるスタイルが求められる。

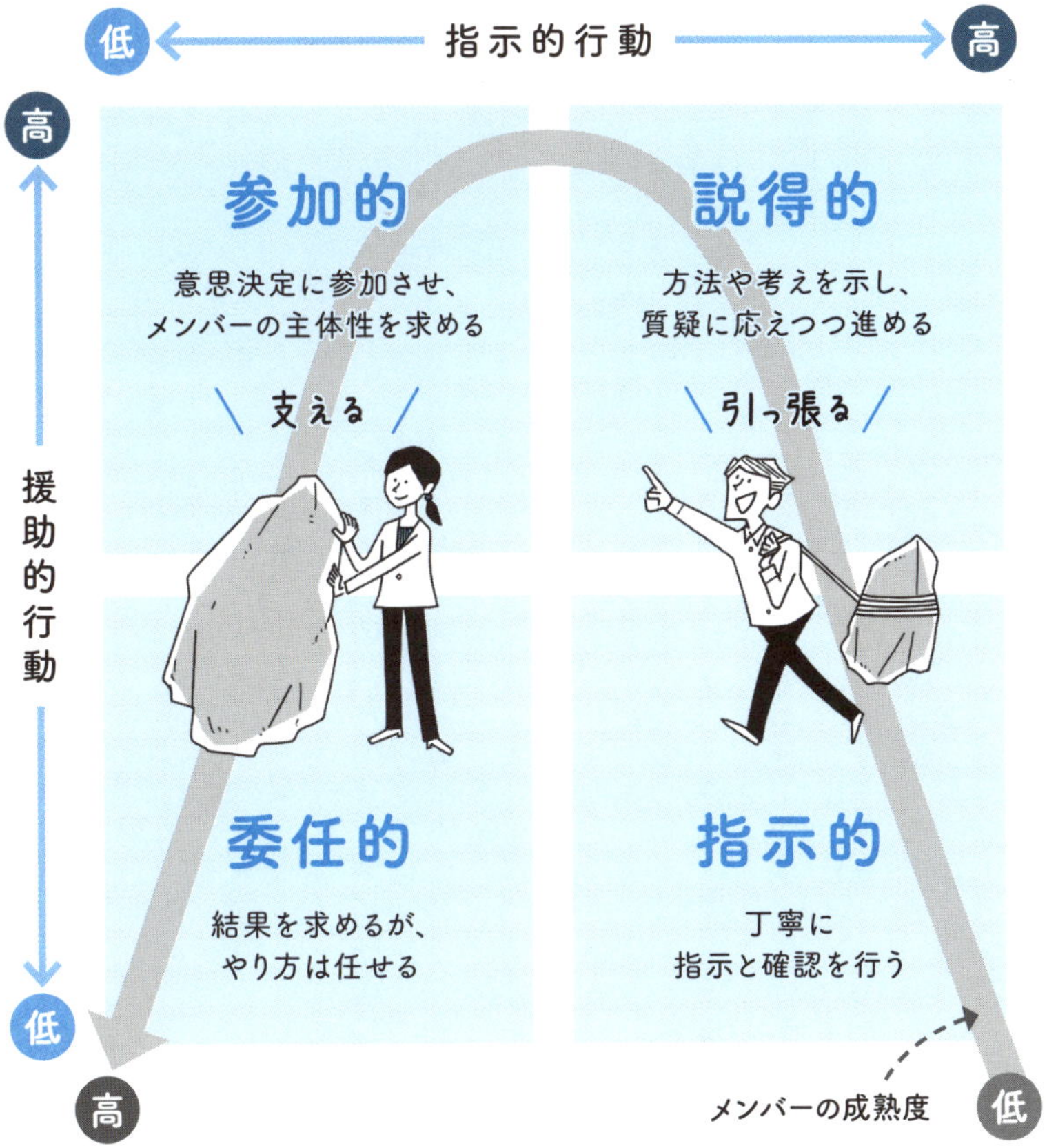

役割と割り切って、
理想のリーダーを
装えばOK！
支えるスタイル
引っ張るスタイル

これをきっかけに、「支える」スタイルでメンバーが持つ能力を引き出し、彼らが自主的に動ける環境を整えることにシフトしたのです。

チームのコンディションに合わせる

リーダーシップスタイルの選択は、チームの成熟度だけでなく、職務の性質にも大きく依存します。**職務がオペレーションに依存している場合、たとえばファストフード店のスタッフ、一般的な営業職や事務職のチームの多くでは、フランクに部下の意見を聞きながらも「引っ張るリーダーシップ」が適しています。**明確な手順に従い業務を進めることでパフォーマンスが向上します。

一方、各メンバーが持つ専門性や特殊なスキルが成果に直結するコンサルタントやクリエイティブ職などでは、彼らのアイデアや能力を最大限に発揮させるためにも「支えるリーダーシップ」が効果的なのです。リーダーは彼らが最善のパフォーマンスを発揮できるように環境を整える役割を果たします。

現場リーダーに求められるのは、自分の得意なリーダーシップスタイルを押し通すことではなく、メンバーの特徴を理解し、何が必要とされているのかを見極めることです。チームの成熟度や職務の性質に合ったリーダーシップを取るために、自分自身のスタイルを使い分け、チームを成功に導いていきましょう。

関連
Keyword

● PM理論 ⇒ 42ページ
● 年上部下 ⇒ 172ページ

リーダーシップ&マネジメント

03

強みも弱みもあって当たり前。足りない部分を強化すればいい

PとMからリーダーシップを測る

1年目リーダーに覚えておいてほしい重要なリーダーシップ理論の1つが「PM理論」です。この理論は、1966年に社会心理学者・三隅二不二《みすみじゅうじ》によって提唱されたもので、今なお色褪せず、多くのリーダーに指針を与え続けています。人事考課に活用されることも多く、リーダー候補者の選出や評価、人材育成に役立てられています。

PM理論では、リーダーシップを「P（パフォーマンス）」と「M（メンテナンス）」の2つの軸で評価します。

P：Performance（目標達成機能）
チームの目標を達成するための能力。マネジメント力。
M：Maintenance（集団維持機能）
チーム内の良好な関係を保ち、組織を円滑に機能させる力。リーダーシップ力。

リーダーシップスタイルの項目（36ページ）で紹介した「引っ張るリーダー」はP指向が強め、「支えるリーダー」はM指向が強めのスタイルといえます。
PM理論では、PとMの2つの軸を組み合わせることで、リーダーシップを次の4タイプに分類します。

PM型（PとMが共に高い）
理想的なリーダーとされるのがこのタイプです。
しかし、実際にはこの型に該当するリーダーは非常に稀です。目標を達成する力がありながら、チームの結束や人間関係の維持にも長けているという、非常にバランスの取れたリーダーです。

【PM理論】

Pm型（Pが高く、Mが低い）

成果重視型のリーダーです。目標達成には優れているものの、チームメンバーとの関わりが足りず、人間関係が希薄になりがちです。

Mを高めるためには、メンバーの話に耳を傾け、信頼関係を築くことが重要です。たとえば、定期的な1on1ミーティングや日常会話を増やして、相手の困りごとや要望に積極的に応じる姿勢を示すことが効果的です。

pM型（Pが低く、Mが高い）

よい人型のリーダーです。誰か

らも慕われ、部下からの評価が高いものの、目標達成に必要な決断力や実行力が不足しており、安定的な成果を出せません。

Pを高めるためには、目標を明確に設定し、それに向けた具体的なアクションプランを立てることが効果的です。たとえば、目標設定のフレームワーク（67ページで紹介する「ＳＭＡＲＴの法則」など）を用いて目標設定を行い、その達成に向けて短期的なマイルストーン（中間目標など。１９２ページ）を設けることが役立ちます。

pm型（PとMが共に低い）

全体的に遠慮がちで消極的なリーダーです。目標達成もメンバーへのケアも不十分で、チームの主体性を引き出せていません。メンバーの離職のリスクも高まります。

このタイプは、リーダーとしての役割を再確認し、目標に向けて計画を立て直すことが必要です。まずは、定期的な自己評価を行い、自分のリーダーシップスタイルを見直します。また、メンバーからのフィードバックを受けることで、改善点を見つけるのもよいでしょう。これらを通じて、目標達成とチームケアのバランスを意識することで、ＰとＭを少しずつ高めていきましょう。

PMの不足をメンバーと補完し合ってもいい

ＰＭ理論は、自分のリーダーシップタイプを理解し、成長の方向性を考えるための有効な手段です。理想的な「ＰＭ型」を目指すことは重要ですが、すぐに完璧を求める必要はありません。どの「型」であっても、自分の強みや弱みを把握して、足りない部分をメンバーと補完し合うことでチーム全体の力を高めることができます。

あなたはどの「型」に近いでしょうか？　まずは自己理解を深め、理想のリーダーを目指して少しずつ取り組んでいきましょう。

関連Keyword

- リーダーシップスタイル ⇒ 36ページ
- 目標設定 ⇒ 66ページ
- 1on1ミーティング ⇒ 134ページ

リーダーシップ&マネジメント

04

成果を生み出す鍵はPDCAの「C」にある

マネジメント力があるかどうかがわかる

「PDCAサイクル」は、ビジネスの現場で誰もが一度は耳にしたことがある言葉でしょう。これは、P(Plan:計画する)、D(Do:実行する)、C(Check:検証する)、A(Action:改善する)の4つのステップで構成されたマネジメントサイクルです(次ページの図参照)。

チームをうまくマネジメントできているかは、このPDCAサイクルをきちんと回せているかどうかを見ればわかります。

【PDCAサイクル】

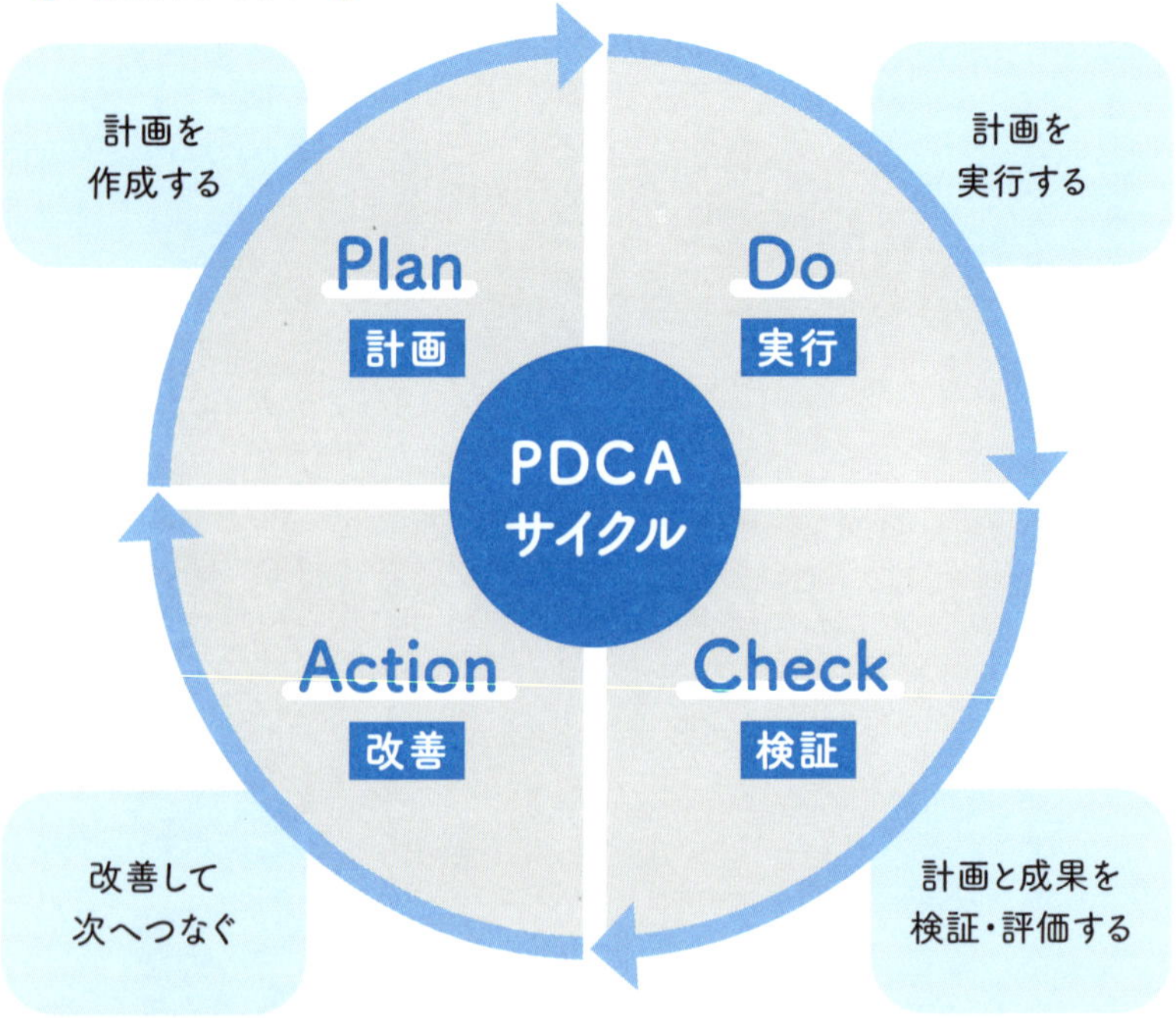

しかし、「PDCAが大事」と方々でいわれているにもかかわらず、正しく実践されていないことも少なくありません。「やりっぱなし」になっていたり、「やったかどうかの確認」しかしていなかったり、不十分なケースがよく見られます。

PDCAはマネジメントの基本中の基本。これができていないと、PM理論でいう「P（パフォーマンス）」を安定的に出すことが難しくなります。

PDCAのコツは2つある

PDCAを効果的に回すコツの1つは、「ショートサイクルで回すこと」です。

素早く回すことで、問題が起きた際、迅速に対応して早期に解決できます。そうすると、改善を短期間で繰り返すことになるため、そのつど得た学びを次に活かすことができ、成長速度も加速していきます。

ＰＤＣＡサイクルが遅く、たとえば３ヵ月経っても改善が行われない場合、顧客ニーズの変化や市場トレンドの移り変わり、競合他社の動きといったものに対応できず、計画を達成できないリスクが高まります。

業務内容によりますが、1週間に1回や2週間に1回など、短いサイクルでPDCAを回すことで、軌道から大きく外れることを防ぎましょう。

2つめのコツは、「PDCAの『C』をきちんと機能させること」です。

自分ではちゃんとPDCAを回しているつもりなのに、「目標を達成できない」「同じミスが繰り返される」「メンバーのモチベーションが低下している」などの困った状

沢に陥る場合の多くは、PDCAの「C」が甘いことに原因があります。

私にも、営業チームのリーダーをしていたときの苦い思い出があります。ある月、目標数字が思うように達成できず、チーム内で何ができるかを話し合いました。メンバーの一人が「早朝にポスティングをして新規顧客を増やそう」というアイデアを提案。全員がその提案に賛同し、「やれることはすべてやるんだ！」という強い気持ちで、朝7時に集まって1人300枚のチラシを配布しました。

結果は新規契約ゼロ。1週間、毎日ポスティングをやり切ったメンバーの顔には達成感がありましたが、実際の成果はまったく上がりませんでした。

この失敗の原因は、PDCAの「C」が欠けていたことです。目標数字に届かないのは、契約件数が不足していたのか、単価が足りなかったのか、それとも既存顧客のリピートが少なかったのか――これらを分析せずに、ただ「思いついたアイデア」を気合と根性でやったにすぎなかったのです。勝ち筋が見えていないのにメンバーに努力させて結果に結びつかない、マネジメントと対極のことをしてしまいました。

「C」がしっかり行われていれば、見込みの高い顧客リストを作って効率的にアプローチするなど、より成果に結びつく改善策が立てられたはずです。

改善に結びつくように「C」を行う

評価を次の改善に結びつけるには、次の3点を意識することをおすすめします。

1 順調でないところに目を向ける

振り返りは、順調な部分ではなく、順調でないメンバーや事柄に焦点を当てることが重要です。うまくいっていないところに改善策を講じることが、最も簡単に、かつ確実に結果を出す「C」なのです。かならず「原因（なぜ）」を確認しましょう。

2 GOOD／POORを比較する

検証をする際は、「G／P分析（GOODとPOORの比較）」も行いましょう。ハイパフォーマーとローパフォーマーを分ける要因を確認するのです。前提が違うのか、行動が違うのか、あなたなりに違いの仮説を立てるようにしましょう。ローパフォーマーをハイパフォーマーに近づけるヒントがたくさん隠れています。

3 着手度を見る

講じた対策の効果がイマイチだったとしましょう。この場合、対策が悪いと考えるのは早計です。「実行した」といいながらも、中途半端な取り組みになっていないかチェックしておかねばなりません。そこで、「着手度」に注目します。

進捗が数字で表せない場合でも、実際に行動が開始されたか、どの程度の進捗かを確認できる「着手度」を見ることで、次のステップに向けての改善策を検討することができます。

4 やらないことを決め、やるべきことに集中する

検証にあたっては、「やらないことを決め、やるべきことに集中する」ことも重要です。あれもこれも手を出してしまうと、力が分散してしまいます。その結果、短期間で成果を出せず、全体のパフォーマンスが低下するのです。戦略とは「何を捨てる（しない）のか」を決めることでもあるのです。

【「着手度」を確認するチャート図】

営業研修1、2、3を受けた13人の着手度とその結果をチャートで示した。研修効果が出ていない７人が躓いたポイントが細分化され、改善策を検討しやすくなる。

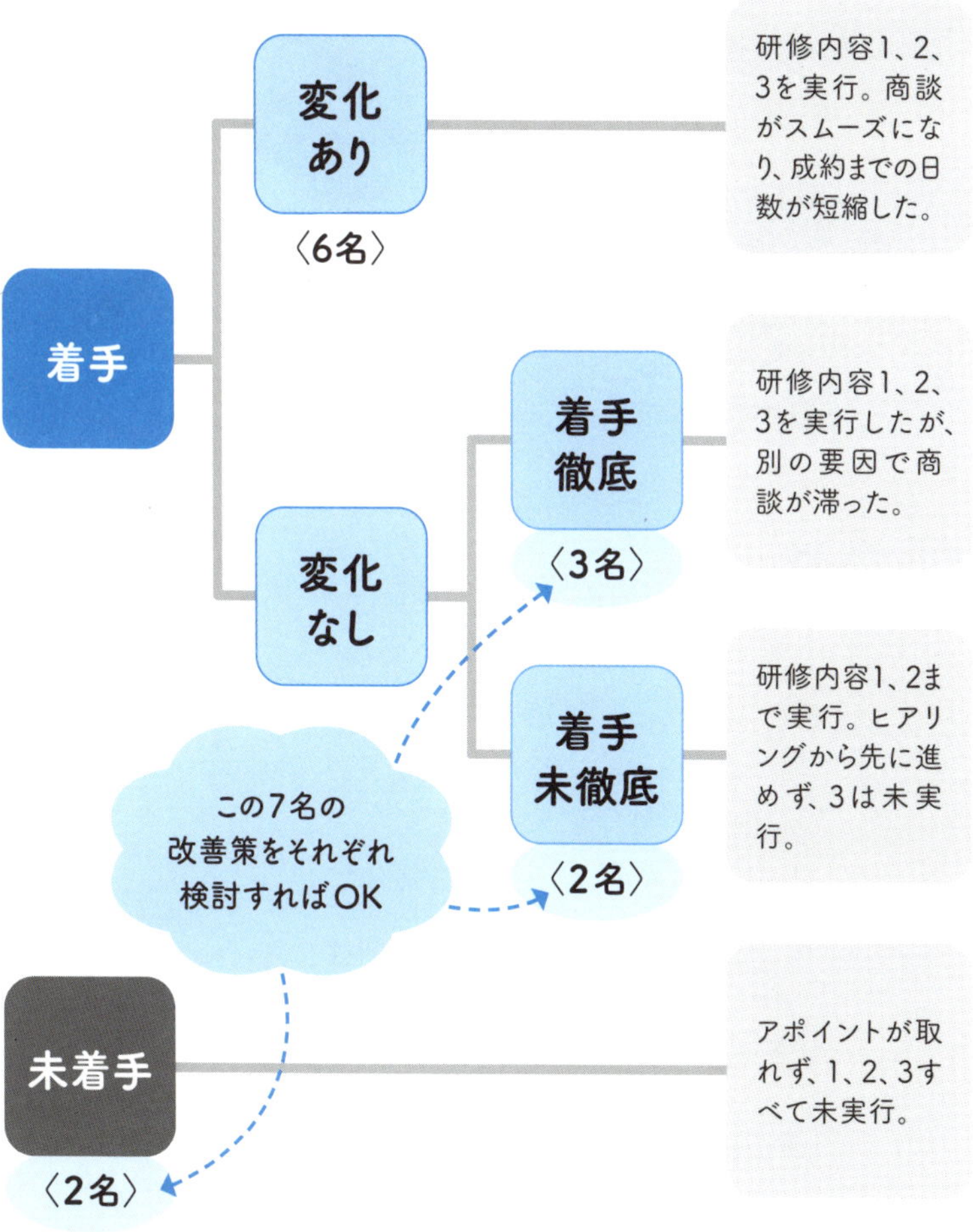

私が若手だった頃、「うまくいかないときは、あれもこれもやるんだよ」と言う上司がいましたが、その言葉から、彼が成果を出せなかった理由がよくわかります。

何でも手を出してしまうのではなく、やるべきことを絞り込むことが成功の鍵なのです。

「フォーカス＆ディープ」という表現もあります。

「やることを絞り、ドリルで穴を開けるようにその一点に集中してやり切る」。これこそが、できるリーダーとできないリーダーの決定的な違いです。

マネジメントに必要なのは、「やる気」ではなく、「仕組み」。その仕組みこそが、PDCAサイクルです。

計画（Plan）、実行（Do）、検証（Check）、改善（Action）というプロセスを繰り返すなかで、特に「C（Check）」の段階でしっかりと振り返り、成果や課題を確認することが、次の行動に向けた正しい意思決定につながります。

1年目リーダーは、PDCAサイクルを正しく回し、データに基づいた改善を行うことを意識していきましょう。それにより、チームのパフォーマンスを着実に向上させることができるはずです。

関連 Keyword

● PM理論 ⇒ 42ページ
● 決断力 ⇒ 56ページ

リーダーシップ＆マネジメント
05

「みんなの納得感」を基準に決断してはいけない

決めることは、リーダーの仕事

リーダーになると、判断する機会が増え、内容も複雑になります。個人のタスクに関する判断だけでなく、チーム全体の動き、メンバー間の調整、業務の優先順位、リソース配分、チームの士気維持など、多岐にわたる判断が求められます。

1年目リーダーにとっては判断に迷う場面が多く、プレッシャーを感じることも少なくありません。「もう少し考えたい」と決断を先延ばししたり、その場の雰囲気に流されて思わず即決したりしてしまうこともあるでしょう。

しかし、それでは知らぬ間に問題が大きくなったり、メンバーの信頼を損ねたりしかねません。

こうした状況で、**迅速かつ適切に決めるためには、ブレない判断軸を持つことが重要です。判断軸が曖昧だと優柔不断に陥りがちですが、明確な判断軸があれば自信を持って決断することができます。**

判断軸としてはいけないものは、「みんなの納得感」です。

「みんな賛成だからいいんじゃない」と、つい判断基準にしたくなるのですが、納得感は、結果と紐づいていないことが多々あります。

また、全員の納得を得ることは難しく、その過程で時間を費やしてしまうと行動が遅れる可能性があります。納得感は大切ですが、やる前から求める必要はなく、タイミングが重要です。行動して得られた結果をもとに納得感を得れば十分なのです。

リーダーの判断軸としておすすめしたいのは、「意思決定マトリクス」です。

意思決定マトリクスは、左の図のように、3つ程度の評価軸を設定し、それぞれの案を数字で評価するものです。重要な評価軸には重みを加えて、ポイントがつきやすくすることもできます。

現場リーダーの評価軸なら、「得られる効果」「実行のしやすさ（確実性）」「コストや手間の少なさ」の3つを試してみるとよいでしょう。ほかにも「会社の方針との一致度」「コンプライアンスの観点」など必要に応じて評価軸を加えることができます。

左の図の場合、さきほどの3つの軸で評価したところ、B案「1on1面談の実施」の合計ポイントが最高点で、最も効果的な選択肢だと判断できます。

【 意思決定マトリクス 】

チーム内での情報共有を深めるためにA~C案のどれがベターか3つの評価軸で比較検討する。「得られる効果」の評価軸はポイント2倍に設定。

	得られる効果（重み×2）	実行のしやすさ	コストや手間の少なさ	合計
A案 研修会	2（→4）	2	1	7
B案 1on1面談	3（→6）	2	3	11
C案 朝礼	1（→2）	3	3	8

「いったんこれにしよう」の仮決めでOK

判断軸を明確にするメリットは、安心して決断できたり、決断が早くなったりするだけではありません。

リーダーが何を基準に判断しているのかがメンバーにも伝わることで、決断の透明性が高まり、チーム全体の納得感が得やすくなります。また、上司に決裁をもらう際の説明もわかりやすくなります。

たとえば、次のようなリーダーとメンバーの会話が考えられます。

このプロジェクト、A案、B案、C案のどれで進めるか迷っています。

そっか。それぞれの効果はどのくらい見込めるの?

効果が高いほうから順に、B案、C案、A案です。
ちなみに、実行のしやすさではC案が一番で、
コスト的にはB案とC案が同等です。

なるほど。3つの観点(効果、実行のしやすさ、コスト)で考えると、
この中ではB案が一番よさそうね。
だから、いったんB案を試してみようか。それで効果を見てから次の手を考えよう。

このように、**リーダーの判断軸がメンバーに浸透していると、メンバーは事前に、**

リーダーから突っ込まれるだろう観点について考えを整理しておくことができます。ムダなやり取りが省かれ、スムーズに意思決定、その次のアクションへと進めることができるのです。

この会話にあるように、「いったんこれでやってみよう」という姿勢を持つことも決断を楽にするポイントです。**経営判断のようにリスクの高い決断では慎重さが求められますが、現場レベルでは「いったん試してみる」という柔軟さが大切です。これにより、現場のスピード感を保ちながら、意思決定を進めることが可能になります。**

ブレない判断軸を持つことで、リーダーは迅速かつ自信を持って行動を決定し、チームをリードすることができます。一貫した基準で意思決定を行うことで、チーム全体の信頼感も向上します。

関連Keyword

- 業務改善 ⇒ 205ページ
- ロジカルシンキング ⇒ 234ページ
- リスクマネジメント ⇒ 240ページ

リーダーシップ＆マネジメント 06

職場やメンバーの姿は上司の「合わせ鏡」

メンバーを好ましいと思える？

職場で起こっている出来事は、上司の「合わせ鏡」であるといわれます。これはつまり、リーダーの姿勢や行動がメンバーに反映されるということです。リーダーがどのようなふるまいをするかによって、メンバーの態度や行動が変わるのです。

たとえば、「うちのメンバーはマナーがなっていない」とか「主体性がない」とかいった発言をする上司がいるとします。しかし、他社の管理職からそのような言葉を聞いた人は、「それってあなたの責任ではないの？」と思うのではないでしょうか。

使えないチーム〜
ダメなリーダー〜〜
自分が思うことは、
相手だって
思っているはず

リーダーの役割は、メンバーが成長し、結果を出せるようにサポートすることです。**たとえ現状のメンバーが満足のいくレベルでなくても、リーダー次第で組織は変わります。新しいリーダーが来てからチームの雰囲気が一変し、メンバーの意欲が高まるといった事例は少なくありません。**

実際にチェーン店などでは、イマイチだった店舗が新しい店長によって生まれ変わるケースは、少なくありません。これは、リーダーの力がどれほど大きいかを物語っています。

リーダーは、1プレイヤーとは役割が違います。メンバーの課題について言及することは構いませんが、無能ぶりを愚痴ることは絶対に避けるべきです。これは、芸人が「客が悪い」と言って受けないことを正当化するようなもので、リーダーとしての責任感を放棄している発言です。

任されたメンバーで結果を出すことがリーダーに求められる役割であり、それに対して不満を言ったり責めたりするのは、自分自身の無能さを露呈しているも同然です。

社長レベルの責任感を目指したい

無責任な発言をしてしまうのは、現場リーダーや課長クラスの中間管理職に多く見られます。

ところが、実は社長クラスにはほとんど見られません。

「うちの社員はアホばかりで使えない……」といった社長の言葉は聞いたことがないのです。自分が採用した社員であり、「今いる全員で頑張らないといけない」と考えているからでしょう。

これこそが社長の責任感であり、リーダーとしての理想的な姿勢です。

リーダーとして重要なのは、自分の組織に対する責任を自覚し、メンバーを批判したり文句を言ったりするのではなく、いかに育てていくかに注力することです。

メンバーの課題を見つけて、どうすれば改善できるかを考え、行動に移すことが求められます。

職場の「合わせ鏡」を意識し、自分の行動がメンバーに与える影響を理解することで、リーダーはチームをよりよい方向に導くことができるのです。

関連Keyword

●リーダーシップスタイル ⇒ 36ページ

●ストレスマネジメント ⇒ 93ページ

リーダーシップ＆マネジメント
07

「意識する」「努力する」目標を立ててはいけない

目標は測定可能なものにする

目標設定はリーダーにとって欠かせない仕事の1つです。

リーダーとしてチームを率いる際には、明確な目標を設定し、その達成に向けてメンバーを導くことが求められます。

チームを成長させるリーダーは、「メンバーの7割が達成できる」くらいのレベルで目標を設定します。もちろん、組織としては目標の達成を目指します。ただ、10人中10人全員が達成できる目標では難易度が低すぎるのです。全員が頑張って、7人が達成、3人が残念ながら未達成、この比率になる程度の難易度を目指すことが、高すぎず、

【SMARTの法則】

SMARTの法則で一般的な5つの基準。1981年のジョージ・T・ドランの論文をもとに提唱されたが、単語の割当や意味合いが異なるものもある。

S	具体的〔Specific〕	達成、未達成が明確にわかるか？
M	測定可能〔Measurable〕	進捗や成果が測定できるか？
A	達成可能〔Achievable〕	現実的に達成できるか？
R	関連性がある〔Relevant〕	組織や個人の目標とリンクしているか？
T	期限がある〔Time-bound〕	期限が明確に設定されているか？

低すぎず、ちょうどいいレベルの目標を設定するコツです。ただ、曖昧な目標だと達成状況がわかりづらいので、目標設定のフレームワークである「SMARTの法則」に則り、効果的な目標を導き出します。

SMARTは、5つの要素の頭文字を取ったもので、効果的に目標を設定するためのガイドラインにあたります。

5つの要素すべてが大切ですが、**現場のリーダーが意識したいのは、M（測定可能）です。**

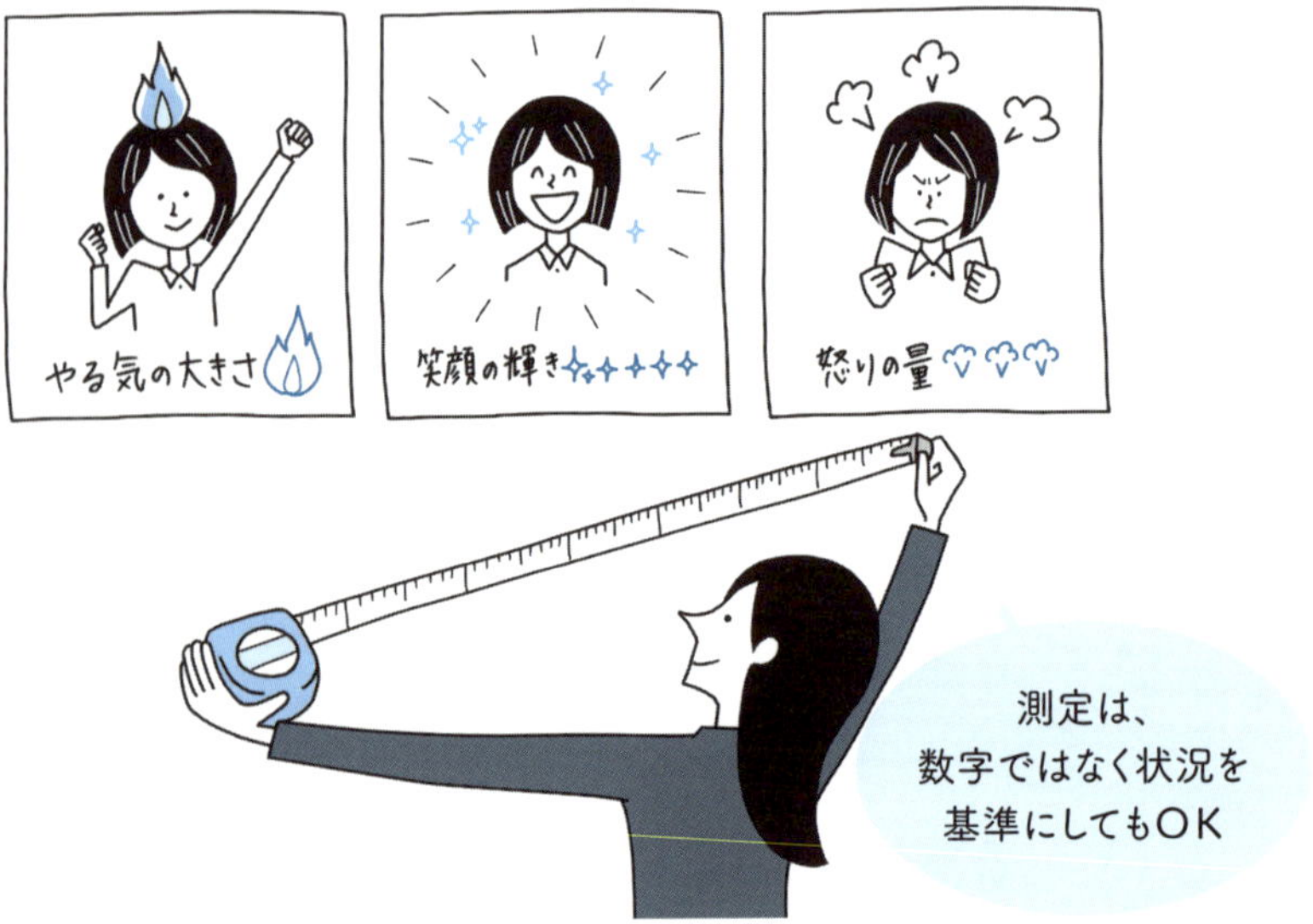
やる気の大きさ
笑顔の輝き
怒りの量
測定は、
数字ではなく状況を
基準にしてもOK

目標が曖昧だと進捗が見えにくく、達成度を評価できません。

たとえば、「残業を減らすように努力します」「リピート率を上げるように意識します」「クロージングを強化します」といった目標の立て方をしてはいけません。「意識する」「強化する」は目標設定の典型的なNGワードです。

「残業時間を月15時間以内に抑えます」「リピート率を15%引き上げます」といった具体的で測定可能な形に設定することが大切なのです。

他の4つの要素（S、A、R、T）も重要です。しかし、現場レベルの場合は、もともと目標が具体的になりやすく（S）、達成可能なもの（A）を設定することが一般的であり、また関連性（R）や期限（T）についてもある程度は決まっていることが多いもの。そのため、測定可能かどうか（M）という点が、現場での目標設定の要といえます。

数字のようにそのまま測定できる目標はもちろん、かならずしも数字目標でなくても構いません。目標の進捗を示す方法として、数値ではなく状態を基準にすることも有効です。

目標設定の前に問題点を知る

状態改善を目指す具体例として、残業を削減する目標設定事例を見てみましょう。

ある職場では、締め切り日の毎週金曜日だけ夜中まで仕事が続く状況にありました。「残業を減らそう」という目標が立てられましたが、これではMが欠けていて、進捗の評価が難しいものでした。そこで、「1人当たりの残業時間を月5時間以内にする」という具体的な目標に変更しました。これにより、SとMの要素を満たすことができました。

しかしながら、リーダーが「早く帰れるように頑張ろう」「大丈夫？ 誰か手伝ってあげて」と声をかけるだけでは、残業は減りません。

適切な目標設定を行うには、現場の状況をよく観察し、事実を確認することが必要です。問題点を把握することで、設定する目標が筋の通ったものになり、具体的で現実的な解決策を導き出せるのです。

この事例の問題は、やることが多すぎて終わらない状況にありました。仕事量を減らしたら売上も減少してしまいますし、効率を上げて処理を2倍にすることも、現実的ではありません。そこで、金曜日以外の日に余裕があることに着目し、作業の平準化を図ることにしました。締め切りを水曜日にも設け、作業を二段構えにすることで負担を分散させたのです。また、「何パーセントを水曜日に納めるか」という具体的な数値目標を設定することで、より測定可能な形にしました。

こうした目標設定の仕方は、メンバー個人の目標設定でも同じです。１on１ミーティングなどでＳＭＡＲＴの法則を念頭に置いて話をすると、適切な目標設定が可能です。

目標に向けたアクションプランを策定したら、「いったんこれでやってみよう」と実行に移すことも大切です。この「いったん」という言葉は、計画を柔軟に修正できる余地を残し、メンバーに心理的な安心感を与えます。計画が失敗しても、その経験をもとに次のステップを考えることができるからです。

目標が達成できなかったときは、ＰＤＣＡサイクル（47ページ）の「Ｃ」に焦点を当てて見直し、改善を進めればよいのです。

関連 Keyword

● 逆算思考 ⇒ 72ページ
● KPI管理 ⇒ 78ページ
● 1on1ミーティング ⇒ 134ページ

リーダーシップ＆マネジメント
08

目標は可能な限り「細分化」させる

目標達成のために、今日すべきことは何？

目標達成への道筋は、「積み上げる」アプローチと「逆算する」アプローチに大きく分けられます。リーダーが取るべきは、「逆算する」アプローチです。

積み上げるアプローチは、目の前のことをコツコツと実行していきます。この場合、達成トレンド（目標達成への道筋）から外れてしまうことも少なくありません。

一方、逆算するアプローチは、最初に設定したゴールから逆向きに考え、あらかじめ必要なステップや行動を具体的に計画します。**たとえば3ヵ月後の目標達成のため**

に2ヵ月目にすべきことを考え、そのために1ヵ月目にすべきこと、今週中にすべきことを考える、といった具合に、逆算して実現可能な計画に落とし込むのです。

「逆算思考」と呼ばれるこの考え方であれば、目標までの全体像が把握しやすく、進捗も管理しやすいため、達成トレンドから外れることなく、より効率的に目標に近づくことができます。

試しに「3ヵ月後に1400万円の売上目標がある」と仮定して、逆算思考の4ステップで考えてみましょう。

ステップ1　ギャップを捉える

まず、ベースとなる売上を確認し、目標との差を認識します。

現状の見込みが1000万円なら、目標とのギャップは400万円。3ヵ月であと400万円の売上が必要であると確認することが、目標達成に向けたスタートです。

ステップ2　課題を絞る

次に、どうしたらこのギャップを埋められるかを検討します。

【逆算思考の4ステップ】

Step 1	ギャップを捉える	現状と目標との差を明確にする。
Step 2	課題を絞る	どの要素に集中するかを決める。
Step 3	具体策の候補を出す	課題解決のための具体策をいくつか考える。
Step 4	ベストな具体策を決める	最も効果的で実行可能なものを選ぶ。

ギャップを埋める要素を細分化して、どこに重点を置くか検討してみましょう。

たとえば、「新規顧客の売上を増やす」「既存顧客の売上を増やす」という2つの要素を考えたら、どちらに重点を置くか検討します。そのうえで、「契約数を増やす」のか「契約単価を増やす」のかを考えていきます。

細かく分けたうえで、決断力の項目で紹介した「意思決定マトリクス」の「効果」「確実性」「コスト」の3つの観点で考えると、スムーズに絞り込めると思います。

既存顧客の単価を上げることが効果的だと判断した場合、お客様を大手・中位・下位とさらに分けて、どの層に注力すれば最も効果が得られるかを考えてみましょう。インパクトが大きい大手の契約単価を上げることができればギャップが埋まると判断したなら、注力すべきは「既存の大手顧客の単価を上げること」です。

ステップ3　具体策の候補を出す

次に、絞り込んだ課題に対して、複数の具体策を検討します。

ここでは、新しいサービスの提案や年間契約の促進など、たくさんのアイデアを出し、選択肢を広げることが重要です。やってはいけないのは、選択肢を十分に出さずに、1つのアイデアに飛びつくことです。

ステップ4　ベストな具体策を決める

最後に、「意思決定マトリクス」などを用いて、候補の中から最も効果的で実行可能なものを選びます。もし、「商品Aをプッシュして顧客単価を上げる」という選択肢がベストだと判断したなら、それに注力します。

【ウォーターフォールチャート】

目標達成のシミュレーションをウォーターフォールチャートで描いたもの。
ベースとなる売上と最終合計のギャップを埋める要素がひと目でわかる。

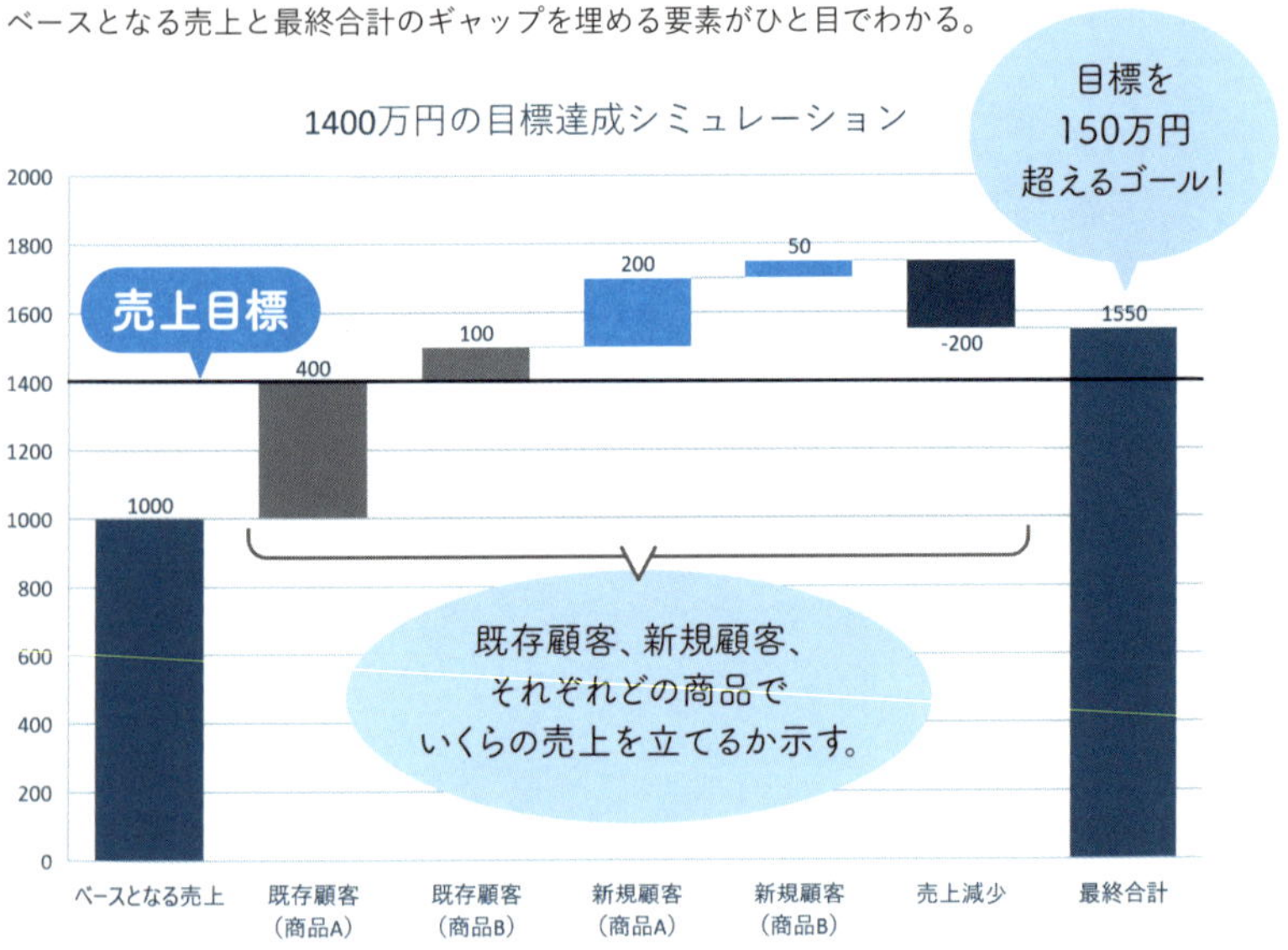

あれもこれもやろうとするリーダーもいますが、現場にはそんな余裕はありません。

同時進行ではなく、細分化した具体策の中から特に効果が見込めるアプローチに絞ることが、限られたリソースで成果を最大化するコツです。

逆算思考を可視化する

リーダーとして一目置かれたいときには、逆算思考を「ウォーターフォールチャート」（別名：滝グラフ）で可視化してみましょう。

数値の増減を視覚的に伝えるグラ

フで、Ｅｘｃｅｌを使えば簡単に作成できます。

目標達成に向けて「何をどれだけ達成すればよいか」がひと目で把握できるため、メンバーや上司にわかりやすく説明したいときに役立ちます。また、「ＩＴ業界の売上を20％増やし、対前年伸び率の高い企業からの売上も20％増やす」といった目標設定の場合、両方の要素に該当する企業が含まれると、数字が二重計上される可能性がありますが、要素の増減を視覚的に確認できるウォーターフォールチャートなら、このような重複を容易に発見できます。

逆算思考やウォーターフォールチャートは、営業目標の達成だけでなく、あらゆる職種やシーンで活用可能です。目標達成に向けた道筋を明確にし、効率的に行動するための有力なツールとして、どんどん使ってみてください。

関連 Keyword

● 決断力 ⇒ 56ページ
● 目標設定 ⇒ 66ページ

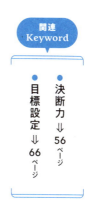

リーダーシップ＆マネジメント

09

現場のKPIは3つまで。できれば1つだけに絞る

多すぎるKPIが現場を疲弊させる

ビジネスの現場では、売上目標、新規顧客の獲得、顧客満足度の向上、社内プロジェクトの達成など、さまざまなKPI（Key Performance Indicator：重要業績評価指標）が設定されていることが少なくありません。

これだけ**多くのKPIが設定されると、現場は複数のタスクに追われ、混乱して手が回らなくなり、結果としてどのKPIも達成できなくなることが多い**のです。

「うまく達成できないなら、このKPIを増やそう」と、上層部が新たなKPIを追加してしまうこともあるかもしれませんが、これでは現場の疲弊が進む一方です。

このような「KPI地獄」に陥るかどうかは、リーダーの判断次第です。リーダーがしっかりと優先順位をつけ、重要なものに絞り込むことで、チームは効率よく成果を出せるようになります。反対に、すべてのKPIを追いかけようとすると、チームの力は分散し、成果が出ないばかりか、メンバーのモチベーションも低下します。リーダーの選択と対応が、チームの未来を大きく左右するのです。

そもそもKPIとはどんなものなのか、おさらいしておきましょう。

KPIは、組織やチームが目標を達成するために設定する具体的な指標です。

【目標の大元はKGI】

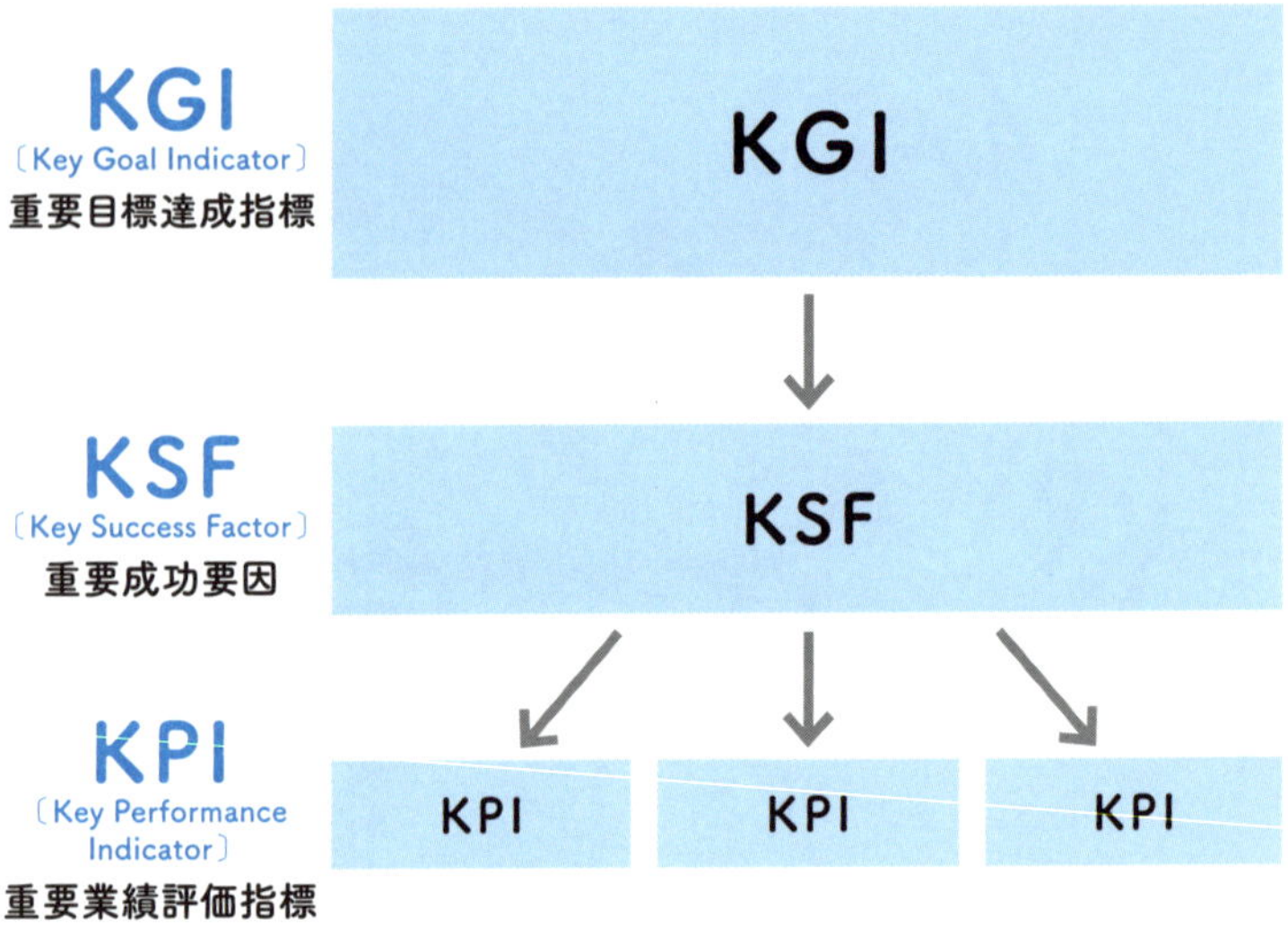

組織の最終目標をＫＧＩ（Key Goal Indicator：重要目標達成指標）といい、そのために必要な成功要因をＫＳＦ(Key Success Factor：重要成功要因)といいます。そして、これらの実現に向けた達成度合いを可視化する役割を担うのが、ＫＰＩです。

サッカーチームを例にすると、チームが試合に勝つためのＫＧＩは、「相手より多くゴールを決めること」で、そのために必要な「戦術」がＫＳＦとなります。試合は相手がいるものですから、いくらよい戦術を立てても、それだけではうまくいきません。試合中、自分たちがうまく戦えているかを確認しながら、戦術を調整してゴールを目指す必要があります。

このとき必要なのは、パスの成功率やボール保持率、シュート数といった、チームのパフォーマンスを測るための具体的な数値です。

この、**戦術を調整し、試合に勝つ確率を高めるために不可欠なデータこそが、KPIにあたります。**

KPIを使ってチームの進捗を見守り、必要な調整をしていくことがリーダーの役割です。

事業マネジメントのKPIと現場のKPIは違う

多くの場合、KPIは上層部から現場に指示が出されますので、現場のリーダーが自らKPIを作成することはめったにありません。

ここでポイントになるのは、**事業全体をマネジメントするためのKPIと、現場を動かすためのKPIは異なる**ということ。事業マネジメントのKPIは組織全体の目標達成を視野に入れた広範な指標で、数多く設定されていても問題ありません。しか

【KPIは段階的にクリアする】

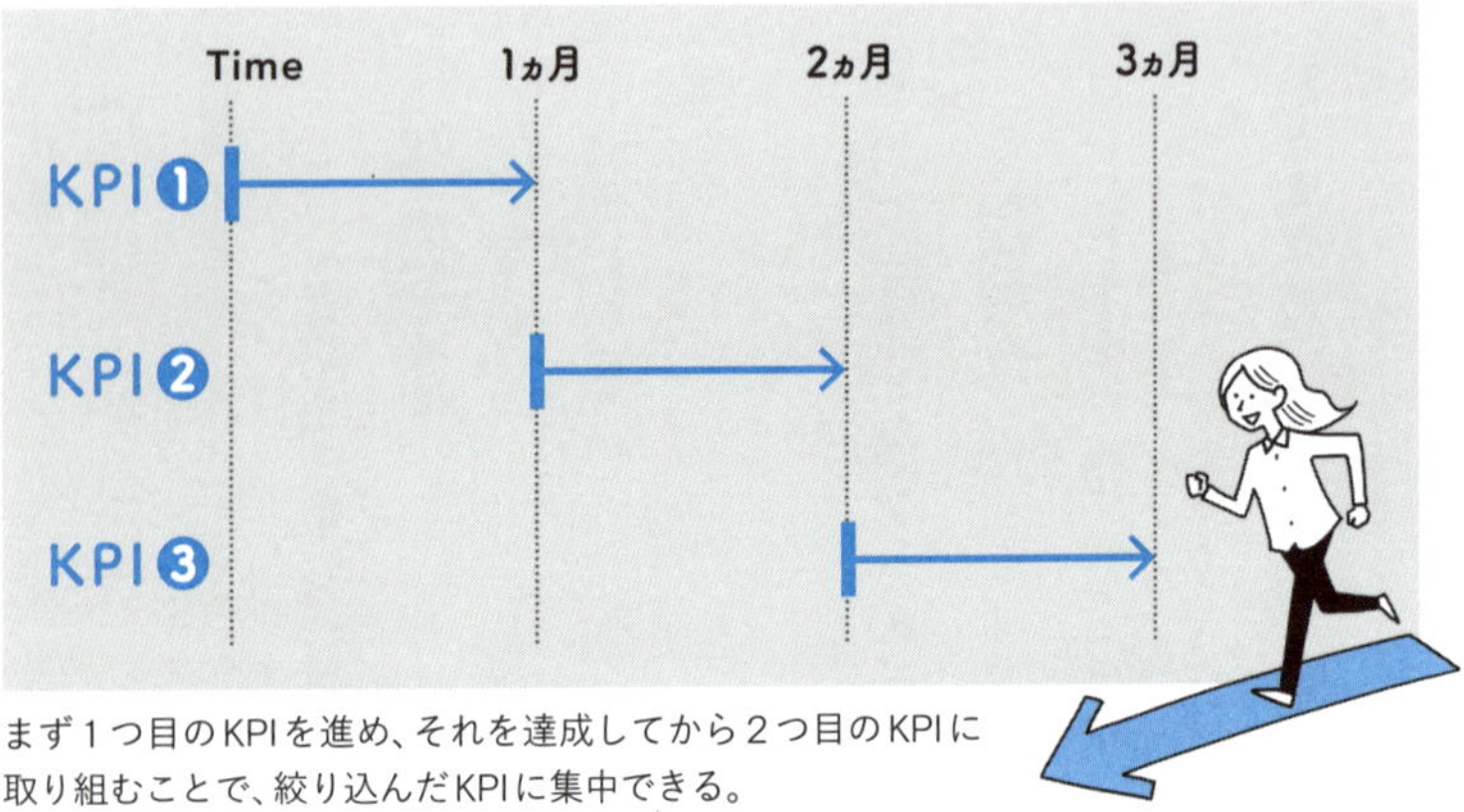

まず1つ目のKPIを進め、それを達成してから2つ目のKPIに取り組むことで、絞り込んだKPIに集中できる。

し、現場のKPIは具体的な行動やパフォーマンスを測る指標であり、数が多すぎると力が分散してしまうのです。

KPIを絞り込み、優先順位をつける

現場のリーダーに求められるのは、指示されたすべてのKPIに取り組むのではなく、何が最も重要かを見極め、優先順位をつけて絞り込むことです。

たとえば、KPIが6つある場合、すべてを同時に追いかけるのではなく、**今最も効果的な3つに絞り、可能なら1つに集中する**ことが求められます。

KPIを絞り込む際には、時間軸での運用も考えてみましょう。今月は新規開拓に集中し、その

目標が達成できたら、来月は顧客満足度向上の施策に移るといった段階的な進め方が効果的です。

今、チームには5つのKPIが設定されていますが、どうしても手が回らず、成果が分散してしまう状況になっていると思います。

そうなんです。どれも中途半端になっていて……。

そこで、5つのKPIのうち、まず1から3のKPIに集中しましょう。この3つが達成できれば、4と5のKPIも自然に成果が上がってくるはずです。4と5については、今は目安として見るだけで問題ありません。

最初の3つに絞って進めていくのですね？

その通り！　さらに、今月は1のKPI達成に全力を注ぎましょう。来月は1に加えて2のKPIにも取り組みます。段階的にステップアップして、目標をクリアしていきましょう。

わかりました。それなら焦らずに取り組めそうです。

優先すべきKPIを段階的にクリアする方針を示すことで、メンバーは焦点を絞って行動でき、成果を上げやすくなります。

ただし、こうしたKPIの調整は事前に上司とコミュニケーションを取ることが重要です。**リーダーが勝手に優先順位を変えるとあとで問題になる可能性があります。**

私の研修先でも、6つのKPIが運用されている営業チームがありましたが、「KPI疲れ」の状態に陥っていました。そこでリーダーが上司に相談し、時系列で注力すべきKPIを調整したところ「KPI疲れ」から脱却したのです。

KPI達成の鍵はPDCAサイクル

ＫＰＩを達成するためには、「ＰＤＣＡサイクル」（47ページ）の実践が不可欠です。計画を立て、実行し、進捗を定期的にチェックし、必要に応じて軌道修正を行う。このサイクルを短期間で回すことで、ＫＰＩ達成のスピードが上がります。

マネジメントの項目で紹介したように、**特に「C」のチェックを意識することがPDCAサイクルを改善に結びつける最重要ポイント**です。「Ｃ」を行うことで、来週はどのような改善を加えるのか、また来月は何をやめ、何を新たに行うのかといった判断ができ、達成トレンドからかけ離れないように軌道修正できるのです。

ＫＰＩを絞り込み、効率的に運用していくリーダーの判断が、チームを成功に導く鍵となります。

関連 Keyword

- 責任感 ⇒ 62ページ
- 目標設定 ⇒ 66ページ

リーダーシップ＆マネジメント

10

「任せる」ことでメンバーが育ち、リーダーは楽になる

どんなときも、リーダー業務が最優先

最近の現場リーダーは、リーダーとしての業務とプレイヤーとしての業務に追われ、多忙を極めています。産業能率大学の「第7回上場企業の課長に関する実態調査」によると、94・9％の課長がプレイヤーとマネージャーを兼任しています。

多くの責任を抱えながら、両方の仕事をこなさなければならない状況で、1年目リーダーは特に時間に対するプレッシャーを強く感じていることでしょう。

そこで押さえておきたいスキルが、タイムマネジメントです。

タイムマネジメントには、メンバーに業務を任せてリーダー自身の時間を作り出す方法や、業務改善によってムダを省いて時間を捻出する方法、テクノロジーを活用した自動化で時間を節約する方法など、さまざまなアプローチがあります。

ここでは、メンバーに任せてリーダーの重荷を減らすタイムマネジメントを中心にお話しします。業務改善による効率化はPART3で紹介します。

まず、心にとどめておいてほしいことは、リーダーとプレイヤー、それぞれの業務に追われたときに優先順位が高いのは、リーダーとしての業務だということです。

リーダー業務を優先するには、「リーダーだからもっと頑張らなくちゃ」と仕事を抱え込むのではなく、任せられる仕事をどんどんメンバーに任せていく必要があります。そうすることで、リーダーとして集中すべきタスクに取り組む時間を確保でき、リーダーとしての役割を全うできるのです。

任せることが、部下の成長を促す

「メンバーに任せたいとは思うけど、自分がやったほうが早いし、うまくいく」

任せられないリーダーの多くは、このように考えます。自分より経験の浅いメンバーが、初めからリーダーと同じようにできないのは当然なのに、自分と同等の結果を期待してしまうために「任せられない」という考えになるのです。

任せられるリーダーは、任せるときに、「すぐに出る結果」ではなく「メンバーの伸びしろ」に期待します。業務を任せることで、どう成長するかに重きを置いているため、失敗を見守ることができるのです。

リーダーが何でも自分でやってしまうことは、リーダー自身の時間を圧迫するだけでなく、メンバーの成長機会を奪うことになります。

あなたも「任せられないリーダー」かも?

チェックテスト

- ☑ 部下より自分のほうが優秀だと思う
- ☑ お願いするより「やったほうが早い」と思うほうだ
- ☑ 任せた以上、失敗されると嫌だと思う
- ☑ メンバーのために、あれこれとアドバイスをしがち
- ☑ メンバーに対して「任せるにはまだ早い」と思う
- ☑ 自分はメンバーの誰よりもうまくできるはず
- ☑ リーダーたるもの、メンバーに弱みは見せられない
- ☑ チームミーティングの司会を自分がしている

チェックが5つ以上あったら、「任せられないリーダー」である可能性大!

細かすぎる指示出しや管理をしてしまう「マイクロマネジメント」は、部下の自主性やチャレンジ精神を削ぎ、長期的に見ればチーム全体のパフォーマンスを低下させる原因となります。**部下の成長を支援することは、リーダーとしての大切な役割です。任せられる業務を洗い出して、積極的に委ねましょう。**

まず、自分の業務を見直して、メンバーに任せていい仕事を書き出します。次に、メンバーのタイプやメンバーの能力の課題を整理し、「2年後にはリーダーになってほしい」など成長を促す観点から、それぞれに任せる仕事を決めます。

任せるときのポイントは、任せたつもりが「放任」にならないよう、また、マイクロマネジメントにもならないよう、「適切な」フォローをすることです。「好きにやっていい」と放り出すのは、部下を不安にさせますし、問題が起きたときのフォローが大変になります。反対に、問題が起きないようにと逐一面倒を見ていたら、リーダーの負担が減りませんし、何より、部下は成長できません。

フォローの仕方や程度は、メンバーの成熟度によって変わります。**新人に任せるときは、丁寧に教えるティーチングが必要ですし、ある程度できるメ**

ンバーであれば、質問で気づきを与えるコーチングでさらなる成長を促すことが大切です。また、定期的なフォローアップで進捗を確認したり、任されたメンバーの不安を解消したりして、モチベーションを保つことも欠かせません。

こうしたコミュニケーションのコツは、Ｐａｒｔ２で紹介します。

一人ひとりに適切なフォローを考えるのは面倒だと思うかもしれませんが、これこそリーダー業務の１つです。**任せることで、メンバーの責任感や自己決定感が育まれ、チーム全体の成長が促されます。**「部下を成長させること」に目を向けて、積極的に仕事を任せていきましょう。

自分自身の処理能力を高めておく

メンバーに任せてリーダーの時間を捻出しても、部下からの報告や相談、上司からの呼び出しなどで、リーダーの時間がどんどん消費されてしまうことは少なくありません。そのため、個人業務を効率的に「10倍速で処理」できるくらいに処理能力を高めることも意識しておきましょう。

たとえば、メール返信用のテンプレートを作成しておけば、5分かかっていた返信を10秒で処理できるようになります。音声入力を上手に活用すれば、タイピングよりも圧倒的に早く入力できますし、スマホがあれば、会議が始まるまでの1分ほどのすき間時間に作業することも可能です。ＣｈａｔＧＰＴなどの生成ＡＩツールを駆使して、作業効率を一気に高めることもできるでしょう。オーディオブックを活用すれば、こうしたスキルアップの情報も「ながら聴き」でインプットできます。

また、チーム内の詳しいメンバーに教えてもらうこともよい方法です。リーダーが部下に教えを請う姿勢を見せることで、部下との信頼関係が深まり、リーダー自身も学び続ける姿勢を示すことができます。

このようにリーダーが成長し続ける姿は、メンバーにとってよい手本となり、結果としてチーム全体のスキルアップやモチベーションの向上につながります。

関連Keyword
- ティーチング ⇒ 154ページ
- 業務分担 ⇒ 200ページ
- 業務改善 ⇒ 205ページ

リーダーシップ＆マネジメント 11

「孤独」にのまれないでリーダーの心を守る

リーダーは孤独を感じるもの

プレイヤーからリーダーに立場が変わると、ほとんどの人は、仲間だったメンバーとの距離を感じます。上司からほめてもらう機会が減ったり、誰にも相談できなくなったりして、想像以上の「孤独」に不安を覚える人も多いでしょう。

でもこれは、**役職に就いた誰もが通る道です。**悲観する必要はありません。

まず、「自分はリーダーに向いていない」と落ち込んだり、「このままじゃダメだ」と完璧を目指したりするのはやめましょう。ますますしんどくなってしまいます。

リーダーになったばかりなのだから、うまくいかなくて当然です。新人の失敗を見守るのと同じように、自分に対しても、「まだまだ、これから」と長い目で見ることを心がけるようにしてください。

それでも、メンバーとの関係性に思い悩んだり、期待に押しつぶされそうになったりしている場合、ストレスが大きくなるのは自然なことです。自分を追い込みすぎないために、ストレスマネジメントのスキルを身につけておくことが大切です。

ストレスとうまくつきあう

まず、「ストレスの正体」を理解しておきましょう。

ストレスは、「特定の人や出来事」それ自体を指すものではなく、それに対する「自分の評価」によって生み出されます。嫌な人や出来事はただの刺激にすぎません。それをどう受け止めるかが、ストレスの大きさを決めるのです。

同じ状況に置かれても、感じるストレスの度合いが人によって異なるのは、この評価（物事の捉え方）が異なるからです。

物事の捉え方も
ストレスの度合いも
さまざま
最悪!!
書類がダメになった!
拭けば大丈夫

評価や物事の捉え方は、心理学的に「認知」と呼びます。認知は、人によってゆがみ（癖）があります。

認知のゆがみを調整することができれば、ストレスの度合いをコントロールして、しんどさを和らげることができます。

認知のゆがみは誰にでもあるのですが、ゆがんでいる自覚がない人もたくさんいます。自覚できないことには、ゆがみを調整することができません。

まず、**「自分はどのタイプの認知のゆがみを持っているか」を知ることが、最初のステップです。**

よくある思考パターンを6つ紹介します

【6つの思考パターン】

マイナス思考
自信がなく、ネガティブに考えがち

べき思考
ちょっとしたことでイライラ

自己関連思考
私のせいだと自分を責める

モヤモヤ思考
将来の不安にとらわれがち

完璧思考
手を抜けなくてヘトヘトに疲れる

読みすぎ思考
うがった見方でしんどくなる

（上図）。自分に当てはまるものがないか、振り返ってみてください。

たとえば、「べき思考」の人は、「こうするべき」「こうあるべき」と考えて理想通りにいかないとイライラしてしまいます。**優秀なプレイヤーだったリーダーほどこの思考に陥りがちなので注意しましょう。**

自分の思考パターンがわかったら、認知のゆがみを矯正するセルフトーク（ひとりごと）を用意します。

たとえば、「べき思考」ならば、「自分とは違って当たり前」「それもあり」といったセルフトークが考えられます。**メンバーに対して、「もっとちゃんとやるべきだ」と感じてイライラしたときは、このセルフトークを心の中でつぶやくことで、冷静さを取り戻し、「彼には彼のやり方がある」と気持ちを切り替えやすくなります。**

私自身も「べき思考」があり、部下から許せない辛辣な言葉を投げかけられ、カッとすることもありました。しかし、その感情を俯瞰し、「これは自分の癖だな」と気づけると、冷静さを取り戻すことができます。自分の癖を理解してからは、会話の中で瞬時に感情を処理できるようになりました。

また、人間関係などで辛い状況に直面しても、それが「自分の思い込みかも」と考えることで心が楽になることを学びました。こうした思考の転換が、認知のゆがみを和らげ、ストレスを軽減する助けになっています。

ストレス対策が、リーダー自身もメンバーも守る

ここで紹介した方法は、認知行動療法という心理療法をベースとした「ストレスコーピング」というスキルの一部です。これを覚えてから、余計なストレスを感じなくなりました。リーダー自身のストレス対策だけでなく、メンバーのメンタルコーチングやストレス緩和にも活用できます。詳しく知りたい人は、ストレスコーピングやストレスマネジメントに関する書籍を読んでみてください。

「ストレスマネジメントはリーダーにとって必須のスキル」といわれます。

その理由は、リーダーが心身を整えることで、メンバーにも好影響を与えられるからです。**不機嫌な態度や過剰な完璧主義は、知らず知らずのうちにチームに悪影響を及ぼします。適切なストレス対策を学んで、リーダー自身もメンバーも心の健康を保つことを心がけましょう。**

関連Keyword

- メンタルチェック ⇒ 167ページ
- ハラスメント（環境づくり）⇒ 218ページ

Part 2

メンバーの「やりたい!」を引き出す

コミュニケーションの基本

日常会話で信頼関係を築き、1on1で一人ひとりの成長を支える

株式会社リクルートマネジメントソリューションズの「新入社員意識調査2024」によると、「新人が上司に期待すること」のトップ2は、次の通りです。

1位　「相手の意見や考え方に耳を傾けること」（50・3％）
2位　「一人ひとりに対して丁寧に指導すること」（45・9％）

一方、「言うべきことは言い、厳しく指導すること」「周囲を引っ張るリーダーシップ」

【2010年→2024年で期待することが変化】

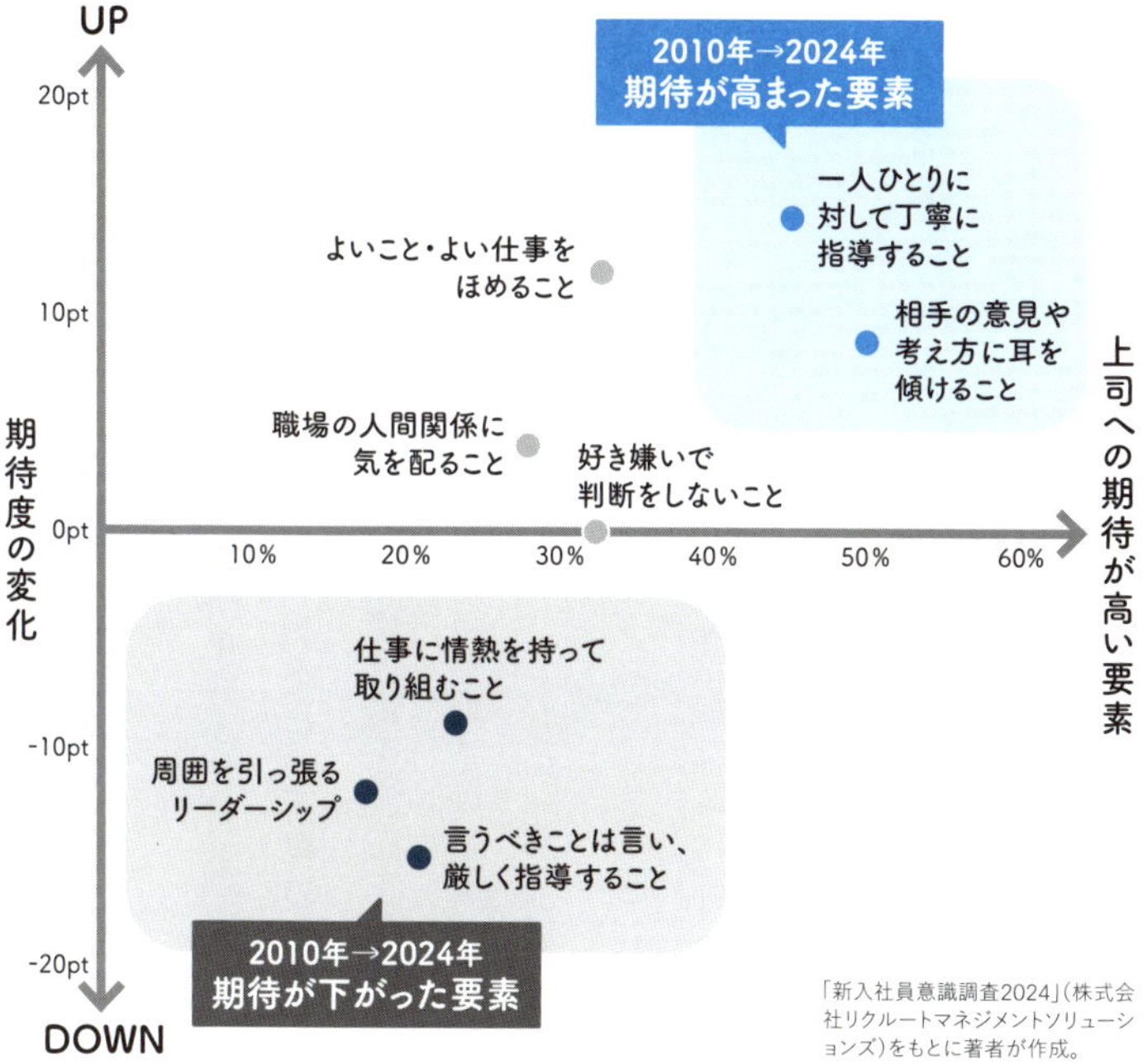

「新入社員意識調査2024」(株式会社リクルートマネジメントソリューションズ)をもとに著者が作成。

といった要素は、2010年の調査開始以降、年々重視されなくなっています。

リーダーに期待される「傾聴力」

かつては「背中を見て学べ」という上司が主流でしたが、現在は丁寧な指導と傾聴が求められていることがわかります。

これは、Z世代(1990年代半ば~2010年代初頭生まれ)を中心とする価値観の変化を反映しています。彼らは、多様性を尊重する教育を受け、協調的なディベートや話し合いを通じてソーシャルスキルを身につけてきました。

そのため、**柔らかい表現の「ふわふわ言葉」（例「落ち着いて考えよう」「一緒に学んでいこう」）を重視する一方、刺々しい表現の「チクチク言葉」（例「やってから言え」「そんなことも知らないの？」）には拒否反応を示す傾向があります。**

ただし、丁寧さが「甘やかし」になるのは避けなければなりません。

「やるべきことをやっていない」「報告をごまかす」などに対しては、「それはダメ」と毅然と言うべきです。

これはチクチク言葉といった類の問題ではなく、当たり前の指導。それができずにかえって部下との関係をこじらせる人もいるので、甘くしてはいけません。

雑談がメンバーとの距離を近づける

職場やチーム内での対話が不足すると、「メンバーとのすれ違い」「一体感の欠如」「目標共有の不徹底」といった問題が起こりやすくなります。

これを解消するには、「一方的な指示」ではなく、「対話」を通じたコミュニケーションが必要です。

特に雑談は、メンバーとの距離を縮める役割を果たします。

「昨日はありがとう」

「週末はどうだった？」

こうした気軽な会話を積み重ねることで、信頼の土台が作られます。

「コミュニケーションの量」を増やすことが目的なので、飲み会やランチに行くことが必要というわけではありません。職場でのちょっとした立ち話や気軽なメッセージのやり取りでも十分に効果があります。また、「お疲れさま」「調子はどう？」といったひと言でも、リーダーから積極的に、こまめに声をかけることが重要です。もちろん、メンバーから話しかけられたときには、忙しくてもきちんと耳を傾ける姿勢が信頼を深めます。

チーム形成の初期や新しいメンバーが加わったときには、意識的に「コミュニケーションの量」を増やすことを心がけてください。

会話の量の次は、質にこだわる

会話を重ねて信頼関係が築けてきたら、次に「質」を重視したコミュニケーションへと進めていきます。雑談が「距離を縮めるため」であるのに対し、質を高める対話では、メンバーの考えや価値観を理解し、その成長を支えることを目指します。

具体的には、ミーティングやコーチングを通じて、次のような対話を増やします。

「どんなことをやりたい？」（目的の発見、共有）

「やりたいことに近づいている？」（進捗の確認、サポート）

「それはこうじゃない？」（認識のすり合わせ、方向修正）

より深い対話を通じて、メンバーが自分自身の目標を明確にし、主体的に成長できる環境を作っていきます。

ただし、こうした対話は十分な「コミュニケーションの量」があってこそ成立します。

雑談で安心感を育み、その土台の上で「質の高い対話」を重ねることが重要です。**このプロセスは、個々の成長を支えるだけでなく、強いチームを作る鍵でもあります。**

詳細は、Ｐａｒｔ３でチームづくりのノウハウとして解説します。

Ｐａｒｔ２では、「聞き方」「話し方」の基本から、１ｏｎ１ミーティング、フィードバック、ティーチング、コーチング、メンタルチェックなど、メンバーの成長を支える具体的な方法を解説します。これは、1年目リーダーが取り組みやすいよう、基本から応用へと進む構成です。まずは信頼関係を築く対話から始めましょう。

コミュニケーションの心構え

1▼「厳しい」から「丁寧」へコミュニケーションを進化させる

2▼一方通行ではない「対話」を確保する

3▼「会話の量」の次は「会話の質」にこだわる

コミュニケーション
01

リーダーが取るべき対話は「後出しジャンケン」が正解

言いたいことは後回し。まずは聞いて相手に寄り添う

ドラッカーの著作を読むと、「過去のリーダーの仕事は〝命じること〟、未来のリーダーの仕事は〝聞くこと〟が重要になる」という考え方が読み取れます。これからのリーダーは、先に正しい助言をするのではなく、まずはメンバーの話を聞き、信頼関係を築きながら、本音を引き出す力が求められます。

イメージは「後出しジャンケン」。部下の手の内（思っていること）を把握してから、こちらの出方を考える、これがリーダーが対話するときのセオリーなのです。

しかし現実には、話を途中でさえぎり、自分の意見を言ってしまうリーダーが少なくありません。

たとえば、相手の話を最後まで聞かずに、「それって○○すればいいんじゃない?」などと自分の意見を述べると、メンバーは「話をちゃんと聞いてもらえない」「この人には話してもムダだ」と感じ、心を閉ざしてしまいます。

これでは、仕事の課題や悩みを聞き取ることができず、リーダーとして必要な情報も得られなくなります。

また、リーダーが「担当者に会えた?」のように出来事だけを確認していると、メンバーも「担当者に会えませんでした。また来週連絡します」といった表面的な報告にとどめてしまうことがあります。

ひょっとしたら、「以前、担当者を怒らせてしまい、訪問しづらい」という本音が隠れているかもしれません。深掘りが足りないと、重要な情報を見逃します。

本音を引き出すには、「何かほかに思っていることがあるのでは?」と考え、「声にならない声」を聞き取る意識が必要です。

メンバーが言いにくいことも話せる信頼関係は、「アクティブリスニング（積極的傾聴）」によって築かれます。

■「3つのあいづち」をマスターしよう

アクティブリスニングのスキル（傾聴スキル）はさまざまなものがありますが、1年目リーダーがまず実践すべきは、効果的な「あいづち」の使い方です。次の「3つのあいづち」を活用すれば、相手に寄り添い、信頼を深めることができます。

1　言葉を反復する（受け止める）

相手の言葉を一部分でいいので繰り返し、発言を受け止めます。ちょっとしたことですが、これだけで話しやすくなるので、やらない手はありません。

○○の案件が進まなくて、正直困っています。

そうか……。進まないのか……。詳しく教えてもらっていい？

2　感情に同意する（代弁する）

相手の感情を言葉にしてつぶやくことで、共感を示します。

たとえ本心で共感できない場合でも、テクニックとして実践するだけで、相手は心を開きやすくなります。賛成や反対といった意見を言う必要はありません。「いよいよだね」「楽しみだね」「それは困るよね」といった相手の気持ちに寄り添う言葉にとどめることがポイントです。

メンバーの話を完璧に理解する必要も、すべて肯定する必要もありません。ただ、ゆっくりと話を聞き、一度しっかり受け止めて、気持ちを代弁しましょう。

先方が無理な要求ばかりしてきて、本当に疲れます。

それはストレスがたまるよね。

※「許せないね」などと判断するような言い方はNG。事実がわかっていない段階で、安易な発言はしないことです。

ペットの「カメちゃん」
カメちゃんの動きが遅くて…病気でしょうか？
それは心配だね
そんなに心配する？カメはもともと動きが遅いんじゃ…
共感
「カメなら普通だよ!」と心の中で突っ込もう

3　要約する

相手の発言を整理して、本当に言いたいことを確認します。

資料作成が遅れているのですが、他にできる人もいないし、予定も後ろ倒しで、このままだと終わらない気がしています。

そうか、それは不安だよね。期限内に終わらないことが一番の心配ということかな。

3つのあいづちのポイントは、どれも相手が「そうそう、そうなんです」と返せる内容にすることです。この小さな「そうそ

う」の積み重ねが、信頼を生む大きな力となります。

それでは、3つのあいづちを使って本音を引き出す会話例を見てみましょう。

新人Bくんの指導役を受けてくれてありがとう。
面倒を見るにあたって、気になることはある？

そうですね……。私自身が忙しくて、時間を取れるかが不安です。

そうか。時間が取れるかが不安なんだね（言葉を反復）。それってどうしてなの？

○○の案件が大きいので、プレゼン準備に追われていて……。

それは確かに大変だよね（感情に同意）。
ところで、その忙しさを少し解消できれば、面倒を見る不安はなくなるのかな？

いや……なんとも言えないですね。教える自信がないのかもしれません。
私はそんなにバリバリ仕事してきたほうでもないので、
バリバリやっているBくんに反論されたら負けちゃいそうです……。

そうだったんだ。ということは、Bくんの出方によっては
うまく対処できないかもしれないということかな（要約）。
Aさんはそんなとき、どうするのがよさそうだと思う？

そうですね……そういうときは、いったん課長に相談してもいいですか。

もちろんいいよ。それでいけそう？

■テクニックだからこそ、誰でも身につけられる

現場を見ると、リーダーの半数は「言葉の反復」をしていません。ましてや、「感情

に同意」は、1～2割しかできていないと感じます。

できないと思ったら、メンバーを営業先のお客様に見立ててみてください。これだけでも意外と実践しやすくなります。お客様の気持ちに共感を示し、「そうですね」とうなずくことは、ビジネスの現場では当たり前に行われています。その感覚でメンバーに寄り添うことを意識すれば、誰でも自然に「3つのあいづち」で傾聴できるようになります。

傾聴は「技術」です。練習すれば確実に身につき、相手の本音を引き出す効果を発揮します。リーダーに対する信頼感を育むためにも、ぜひ実践してみてください。

関連
Keyword

- 1on1ミーティング ⇒ 134ページ
- コーチング ⇒ 160ページ

コミュニケーション
02

3つの「ど」でメンバーの想いを引き出す

■「聞く」「聴く」「訊く」の3つを使い分ける

コミュニケーションで使う「きく」には、次の3つがあります。

- **聞く（hear） 音や声を耳で受け取る。受動的な聞き方。**
- **聴く（listen）相手の気持ちや考えに注意深く耳を傾ける。**
- **訊く（ask） 積極的に問い、相手の意図や本音を引き出す。**

これらを状況に応じて使い分けることで、相手に寄り添った会話ができるようになり、信頼関係を築くことができます。特に「聴く」は、リーダーがメンバーの思考を促し、主体性を高めるうえで重要なスキルです。

実際、「訊く」ばかりでは、質問攻めになってしまい、メンバーを萎縮させることもあります。リーダーは、「聴く」を交え、相手が話したいことに耳を傾けながら質問を行うことが大切です。

「訊く」ときに注意したいのが、質問の仕方です。次のような質問は、相手に誤解やプレッシャーを与え、信頼を損ないかねないため、注意が必要です。

NG 相手を試すような質問

「売上減少の理由はわかるよね？　なんでだと思う？」（→試されていると感じる）
「この案件のＲＯＩを知っている？」（→知らないと恥をかくと感じる）

何気なく尋ねただけでも、「わからないなんて言えない」と相手にプレッシャーを与えてしまうことがあります。リーダーは、この点を意識しながら会話することが大切です。ときには、こちらの意図から大きく外れ、「馬鹿にされている」と感じさせてしまう場合もあるため、注意が必要です。

NG ピンポイントすぎる質問

「それって忙しいから？」「じゃあ宣伝が不十分だから？」

「それって〜だから？」とピンポイントな質問をするばかりでは、相手も「そうではありません」「それも一因かもしれませんが……」と一問一答を返すしかなく、話が広がりません。その結果、「話を聞いてもらえない」「一方的に決めつけられた」と感じさせてしまう可能性があります。「それってどんなことがあるの？」と言い換えると、相手は自由に答えられます。

思考を引き出すのは、拡大質問

これらのNG質問に共通するのは、自分が知りたいことを確認するばかりで、相手の思考を引き出せていない点です。相手の考えを広げるには、質問の種類を意識する必要があります。鍵となるのは、「限定質問」と「拡大質問」の使い分けです。

限定質問（クローズドクエスチョン）

「今忙しい？」「これで売上が上がる？」のように、「はい／いいえ」や短い単語で答え

【3つの「ど」を活用する】

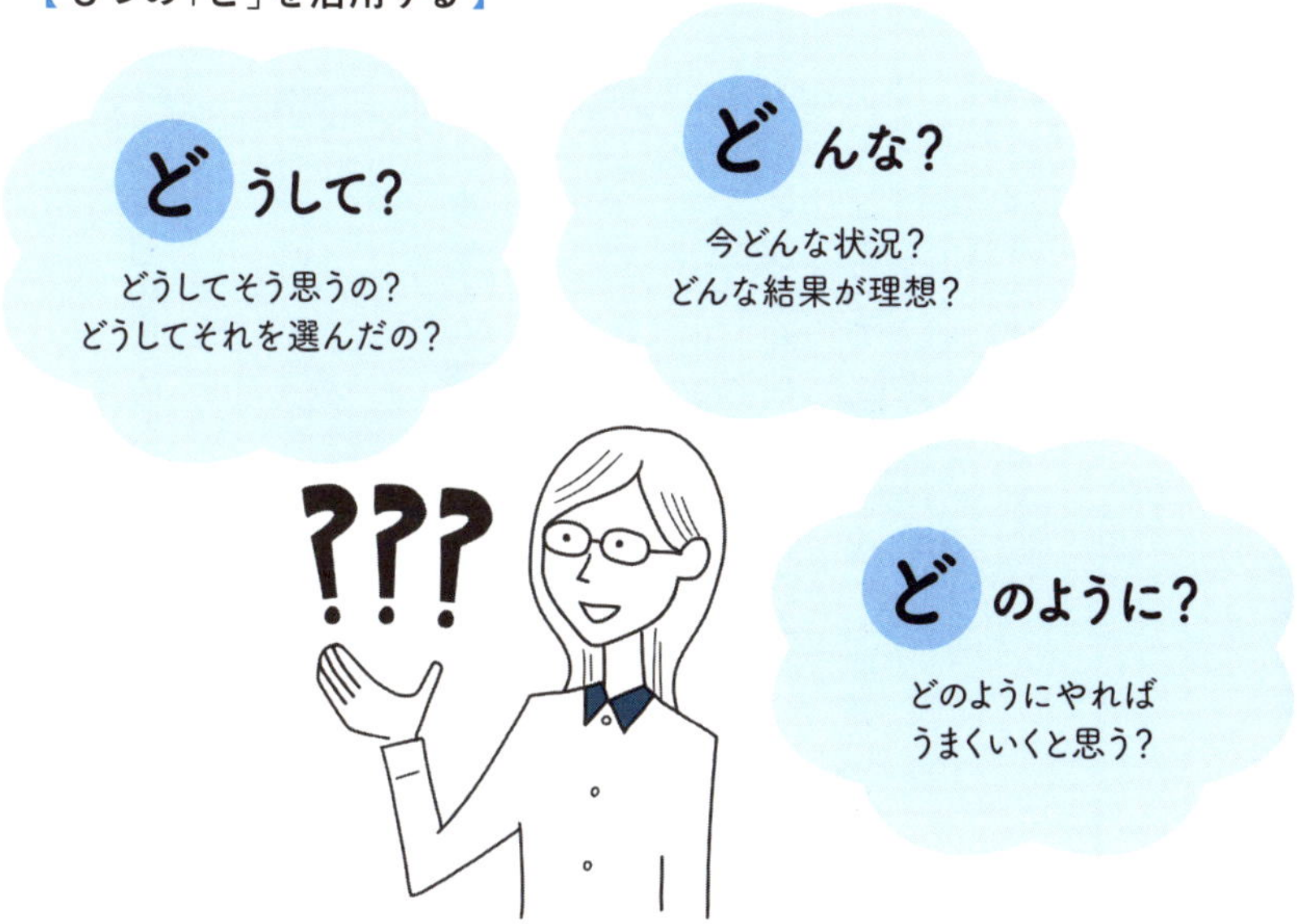
どうして？
どうしてそう思うの？
どうしてそれを選んだの？
どんな？
今どんな状況？
どんな結果が理想？
???
どのように？
どのようにやれば
うまくいくと思う？

られる質問。状況確認や事実の把握には有効ですが、深い話には向きません。

拡大質問（オープンクエスチョン）

自由に考えを述べてもらう質問で、「はい／いいえ」では答えられません。相手の思考を促し、考えや感情、さらには想いを引き出す際に役立ちます。

特に1on1ミーティングやコーチングで、メンバーの主体性を引き出し、内に秘めた意見や熱意を言語化してもらいたいときに有効です。

拡大質問のコツは、「どうして？」「どんな？」「どのように？」の、3つの〝ど〟を用いることです。

昨日の展示会はどうだった？

かなり盛況で、手ごたえがありました！

準備から運営まで大変だったね。どんな感じだったの？

1日で300人の方に立ち寄っていただき、半数が資料請求を希望しました。

そうなんだ。300人も!! チャンスだね！
ところで、関心の高いお客様には、どのようにアプローチするの？

そうですね。事前にアンケートを取り、プレゼン内容を絞るのはどうでしょうか。

このように拡大質問を活用することで、相手に考える時間と機会を与え、思考や主体性を引き出すことができます。

ポイントは、答えを急がず、一緒に考える姿勢を示すことです。

また、この会話例には、3つの「ど」のほかに、もう1つ大切なポイントがあります。

それは、**質問の際に、リーダー自身が「教わる姿勢」であることです。「そうだよね」と自分も知っているという姿勢ではなく、ときには「そうなんだ」と初めて知ったかのように聞くようにすると、相手が自然と話しやすくなります。**

拡大質問と傾聴をセットで活用し、メンバーの話にしっかり耳を傾けながら、主体性と信頼関係を育てていきましょう。

関連Keyword

● 1on1ミーティング ⇒ 134ページ
● コーチング ⇒ 160ページ

コミュニケーション 03

部下に遠慮しないで「踏み込む」テクニック

気まずい沈黙にはどう対処する？

ミーティングやコーチングで質問したとき、相手が答えに詰まって沈黙が続くことは珍しくありません。この場面で、気まずさからつい余計なヒントを与えたり、自分の考えを先に言ってしまったりすると、メンバーの本音を引き出すことが難しくなります。相手にとって沈黙は、考えを整理する時間なのです。

そのため、沈黙に対処するには、次の3つのステップを意識しましょう。

〈待つ〉 まず、相手が答えを考えている間、焦らず待ちましょう。こちらから話を進めたり別の話題を挟んだりすると、相手の思考整理の時間を奪ってしまいます。

〈詫びる〉 それでも沈黙が長引く場合は、質問の意図がわからず、困っているのかもしれません。「私の聞き方が悪かったね」と詫びることで、相手が感じるプレッシャーを軽くします。

〈具体的に聞く〉 そのうえで質問を変え、相手が答えやすい具体的な内容に切り替えます。限定質問を交えると、会話をスムーズに進められる場合もあります。

今週はどうだった？

そうですね……。（沈黙）

……。（**①待つ**）

まあ……特に問題なかったです。

それならよかった。すみません。
ちょっと私の聞き方が抽象的でわかりにくかったですね。（②詫びる）
プロジェクトは計画通りに進んでいますか？（③具体的に聞く）

はい。今のところ計画通りに進んでいると思います。

いいね。ということは今後も計画は問題なさそうかな？（③具体的に聞く）

いえ、実は……（続く）

■プライベートな会話は「休日の予定」から

指示や確認だけでは、メンバーとの関係性を育むのは難しいものです。意図的にプライベートな話題を少し取り入れるとよいでしょう。職場でプライベートな話をすることに抵抗を感じるリーダーもいますが、適切な範囲で共有すれば、信頼関係が自然と深まります。ただし、個人情報に踏み込みすぎない配慮が必要です。
最初は「休日の予定」を尋ねると、スムーズに話を広げられるでしょう。

先週は忙しかったでしょう。お疲れさま。しっかり休めた？

はい。おかげさまで、ゆっくりできました。

そうか、よかった。連休はどこかに行ったの？

子どもと公園や図書館に行きました。

そうなんだ。いいお天気でよかったね。
差し支えなければ、聞いてもいい？（クッション言葉）
（はい。）お子さんはいくつになったんだっけ？

聞いてもいい？
差し支えなければ
安心＆信頼を生む
言葉のクッション

6歳です。来年から小学生です。

もうそんなに大きいんだ！
うちの娘は3歳なんだよ。

「差し支えなければ、聞いてもいい？」のように、「クッション言葉」を挟むことで、踏み込んだ話でも、スムーズに質問を切り出すことができます。ほかにも「言える範囲でいいんだけど」と付け加えるのもおすすめです。相手から見ても「配慮してもらえている」と感じられ、リーダーへの信頼が深まります。

それでも尋ねにくいと思ったら、「こち

らでも何か配慮すべきことがあればと思っているので聞いてもいい?」と尋ねる方法もあります。ちなみに業務上の必然性からプライベートなことを尋ねるのはハラスメントには該当しません。子育てや介護と仕事を両立している、終業後に資格の勉強をしているなど、プライベートな話題を通じて家族構成や生活スタイルを知ることで、仕事の割り振りや配慮がしやすくなり、離職やメンタルダウンのリスクマネジメントにも役立つでしょう。

沈黙に対処するスキルや、プライベートな話題を交えた会話を通じて、メンバーに遠慮しすぎない、より深いコミュニケーションが可能になります。

次回の1on1ミーティングや日常会話で、勇気を持ってもう一歩踏み込み、相手の本音や想いに耳を傾けてみてください。

関連Keyword

- 1on1ミーティング ⇒ 134ページ
- コーチング ⇒ 160ページ
- リスクマネジメント ⇒ 240ページ

コミュニケーション

04

DESC法なら、相手にとって「耳の痛いこと」も言える

遠慮しないで、配慮して伝える

リーダーになったら、相手が年上であろうが、Z世代であろうが、メンバーにとって耳の痛いことを言わなければならない場面は避けられません。

しかし、正論を押し付けても相手を動かすことは難しく、逆に優しく伝えすぎても、誤解されたり、伝わらなかったりすることがあります。

問題のある部下を放置すると、リーダーは周囲からの信頼を一気に失います。言うべきことは言わねばならないからこそ、配慮しながらも適切に伝えるスキルが求められます。

【自己主張の3パターン】

相手を非難することになっても、正論を伝える。反発を招きやすい。

自分の意見を我慢して、察してもらうことを期待する。誤解されやすい。

自分も相手も尊重し、さわやかに伝える。

相手にとって耳の痛いことを伝えるには、上の3つのスタイルがありますが、このうち、リーダーに必要なのは、「アサーティブ」な話し方です。相手の立場や感情を尊重しつつ、自分の意見を適切に伝えることで、信頼を損なうことなく問題解決へとつなげられます。

　こうしたコミュニケーションのスキルが「アサーション」です。

言いにくいことを伝える「DESC法」

　アサーティブな話し方を実践するうえで、頼れるフレームワーク

【「DESC法」は、DとEが重要】

D	描写する〔Describe〕	ただ、事実のみを伝える（ここでは意見は言わない）
E	示す〔Explain〕	自分なりの意見を伝える
S	提案する〔Suggest〕	対応策や解決策を提案する
C	選んでもらう〔Choose〕	どうするのか、決断を促す

が「DESC法」です。「Describe（事実を描写する）」「Explain（意見を示す）」「Suggest（提案する）」「Choose（選んでもらう）」の4つのポイントを押さえた話し方をすることで、冷静かつ明確に、自分の考えや想いを伝えられます。私はこの話法を覚えたおかげで随分と救われました。

DESC法でポイントとなるのは、「D：事実を描写する」と「E：意見を示す」です。**リーダーとメンバーでは見えている範囲が違うため、まずは相手が知らない事実を丁寧に伝え、そこに自分の意見を添えるこ**

とで、感情的にならず冷静に話し合う基盤を作れます。

DESC法を使って、遅刻するメンバーを叱る例を、〈優しいバージョン〉と〈厳しいバージョン〉の2パターンで紹介します。

〈優しいバージョン〉

Aさん、ちょっといいですか。

いつも会議にはギリギリに駆け込みで入室してはくれているけど、

実は、他の先輩たちは5分前に着席してスタンバイしているんだよね。

「彼はいつもギリギリだね」といった声も出ていたんだ。**（D：事実を描写する）**

私としては、貴重な時間を使っての会議なので、やはりスタンバイをしたうえで参加してもらいたいと思っているんだ。**（E：意見を示す）**

だから、タブレットを準備したうえで、

5分前には着席してもらえると助かるんだけど、どうかな？**（S：提案する）**

Aさんはどう思う?（C：選んでもらう）

そうだったんですね。気づきませんでした。すみません。
わかりました。次回からは5分前に着席するようにします。

〈厳しいバージョン〉

Bさん。昨日注意したばかりなのに、2日連続で遅刻するのはよくないですよね。

いや、地下鉄が遅れて仕方なかったんです。

確かに、地下鉄の遅延があることは理解します。
ただ、今朝は誰にも遅延の連絡が届いていませんでした。
それは事実ですよね。（D：事実を描写する）
このまま遅刻が続くと、周囲から「一緒に仕事をしたくない」と思われても

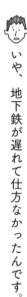

仕方ないい状況になるのではないかと心配しています。（E：意見を示す）

Bさんの仕事ぶりはいつも一生懸命だし、

この部署に必要なメンバーだと私は思っています。（救いの対話）

だからこそ、今後の遅刻を防ぐための具体的な対策を

一緒に考えませんか？（S：提案する）

どうかな？（C：選んでもらう）

どうでしょうか。どちらも、DとEを丁寧に伝えることで、こちらの言いたいことが相手の耳にすんなり届くようになっていると思います。

厳しい内容を伝える際には、非難するのではなく、「周りからどう見えるかを心配している」といった表現を用いましょう。**この言い方により、厳しいことを伝えながらも相手を叱責するのではなく、反省を促しやすくなります。**

さらに、「救いの対話」を挟むことで、相手に安心感を与えることができます。

信じる気持ちを
メンバーに届けよう
信じてるぞ
!?
プロジェクト
大丈夫か？

たとえば、**「あなただから大丈夫だと信じています」「この部署にはあなたが必要です」などの言葉があると、相手は「リーダーが自分を信じている」と感じやすくなります。**

ただ従うだけではなく、主体的に解決策を考える動機付けにつながるのです。

アサーションは信頼を築く力になる

DESC法は、ほかにもさまざまなビジネスシーンで活用できます。

〈上司との調整〉現場の考えを理解してもらいたいとき

〈取引先との交渉〉　無理な提案に対して調整を求めたいとき

〈クレーム対応やアンガーマネジメント〉　相手の感情に配慮しながら主張したいとき

相手を否定せず、自分の意見を配慮して伝えるアサーションは、プライベートでももちろん有効です。家庭や友人関係でも「自分の気持ちを適切に伝えたい」場面で、ぜひ実践してみてください。

関連
Keyword

- ネガティブフィードバック ⇒ 148ページ
- ハラスメント（環境づくり）⇒ 218ページ

コミュニケーション

05

相手に8割話させる、すごい1on1のテクニック

1on1ミーティングで、部下満足度が低下!?

リーダーとメンバーが一対一で面談を行う「1on1ミーティング」は、メンバーの成長を支援し、信頼関係を築くための絶好の場です。

メンバーが困っていることやキャリアの展望について聞いたり、仕事を調整したりして、彼らの成長をサポートすることを目指して実施されます。

頻度は2週間から1ヵ月に1回程度、時間は15〜30分ほどが一般的。**評価面談のように「リーダーが伝える場」ではなく「メンバーが話す場」であることが特徴です。**

1on1ミーティングには、コミュニケーション不足の解消、コーチング、メンバーのコンディションの把握、メンタルチェック、本音で話せる関係づくりなど、たくさんの効果が期待できますが、適切な進め方を知らないと、期待通りの効果を発揮しないことがあります。

たとえば、2022年に行われた株式会社リクルートマネジメントソリューションズの調査（回答数936人）では、次のようなネガティブな意見が寄せられました。

・1on1ミーティング実施率の低下、形骸化（33・1%）
・部下満足度の低下（23・3%）
・実施前後での変化が見られない（16・2%）

1on1ミーティングの失敗例として多いのは、「雑談に終始してしまう」ことです。ただ会話をするだけでは、目的が達成されません。相手が「時間のムダ」と感じるのも無理はないでしょう。

その他に多い失敗例は、「リーダーが話しすぎてしまう」こと。メンバーの話を聞く場であるにもかかわらず、気がつくとリーダーが話してばかり。特に、必要以上にアドバイスをしてしまうケースは要注意です。

■1on1の「型」に沿って、「アクティブリスニング」を徹底する

メンバーの話を聞いていると、ついアドバイスをしたくなることがあります。

しかし、彼らがなんとなく答えた悩みに対して、安易にリーダーが「〇〇さんに聞いてみるといいよ」や「この方法を試してみたら」とアドバイスすると、逆に負担を増やしてしまうこともあります。相手は「次回のミーティングで『試した？』と聞かれるかも」と考え、必要以上に対応せざるを得なくなるからです。こうなると、「面談＝やることが増える場」となり、メンバーにとって面談が苦痛となってしまいます。

この問題を防ぐには、「アクティブリスニング」（106ページ）を徹底することが大切です。拡大質問をうまく使えると、しっかりとメンバーの話を聞き切ることができます。

そして1on1ミーティングをスムーズに進めるには、左の「型」に沿って進行するのが効果的です。

【1on1ミーティングの型】

30分のミーティングの場合

5分　**アイスブレイク**
- アイスブレイク
- 心身のチェック
- モチベーションチェック＆アップ

ちょっとした雑談と相手を気にかける言葉で話せる場を作る

20分　**今回のトピック**（部下が話したいこと）
- 職場の気になる点
- 業務の気になる点
- キャリアの視点

３つのテーマから相手が話したい１つについて、じっくり聞く。

5分　**確認**

相手の気づきや今後やることなどを聞く。

『シリコンバレー式 最強の育て方―人材マネジメントの新しい常識1on1ミーティング―』（かんき出版、世古詞一著）を参考に、著者がアレンジ

「アイスブレイク（雰囲気づくり）」「今回のトピック」「確認」という流れに沿って進めれば、誰でも自然に話を引き出すことができ、実りのあるミーティングを実施できます。

30分間の1on1ミーティングでは、上のような流れで進めるのが基本です。

具体的な会話を見てみましょう。冒頭の5分は、アイスブレイクとして、メンバーがリラックスできる雰囲気を作ります。

Aさん。**先週忙しかったみたいだけど、どうだった？**

いや～大変でした。残業してなんとかリカバリーできました。

本当にありがとうね。**体調は大丈夫？　疲れはたまっていない？**

ありがとうございます。特に問題ありません。

よかった。先週はチームのフォローもしてくれていたね。**ありがとう。**みんな助かっていたよ。

本題では、部下の話を引き出すことに専念します。

メンバーには、「職場」「業務」「キャリア」の中から話したいテーマを事前に考えて

きてもらうことで、話がスムーズに進みます。

さて、本題に入ろうか。今日はどのテーマについて話そうか？

最近売上が上がらず、どうしたらいいのかなと、気になっているんです。

（「業務の気になる点」ね。）ＯＫ！　どんな状況なのか、教えてもらっていい？

（その後は、「３つのあいづち」（１０８ページ）で相手に寄り添い、「３つの『ど』」による拡大質問を使ったアクティブリスニングを駆使して、ひたすら聞き役に徹する）

メンバーがテーマを考えてこなかったり、話すことが見つからなかったりしたときは、リーダーが３つのトピックから１つを選んで、次のようにメンバーに提示しましょう。

さて、本題に入ろうか。今日はどのテーマについて話そうか？

……すみません。特に思いつかなくて……。

そっか。それならAさんのキャリアについて、今まできちんと聞いたことがなかったので、**今回はその話題でもいい？**

最後に、「今回のミーティングで気づきはあったか」「やるべきことは見えたか」を振り返ります。

その際に、「話を聞くだけでいい？ それとも一緒に答えを出したほうがいい？」と確認し、メンバーの意思を尊重します。私の経験では、メンバーから「答えを出したい」と言われることが多いですが、勝手にアドバイスをしないということが重要なのです。

たとえリーダーには答えが見えているとしても、メンバーに考えてもらい、メンバーの口から気づきや課題を語ってもらうことが理想的です。

１on１ミーティングの目的は、メンバーが自分で考える力を引き出し、主体的に動けるように促すことです。アクティブリスニングを活用しながら、設計図に沿って進行すれば、実りある時間を作ることができます。

リーダーとして、メンバーの成長をサポートする１on１ミーティングを実践していきましょう。

関連Keyword

● 聞く②／拡大質問⇒114ページ
● メンタルチェック⇒167ページ
● 動機付け（モチベーションアップ）⇒194ページ

コミュニケーション
06

ほめ上手なリーダーは情報収集に手を抜かない

フィードバックは、必要に応じて行う

リーダーが行うフィードバックは、メンバーに対して、ある物事の結果や評価を言葉で伝え、改善への行動を促すプロセスです。

フィードバックがあるからこそ、メンバーは自分の成長を感じることができ、また課題に気づくことができます。フィードバックがないと、メンバーはただ仕事を繰り返すだけとなり、やりがいをなくすでしょう。

フィードバックは、よい行動をほめる「ポジティブフィードバック」と、悪い行動

を注意する「ネガティブフィードバック」の2つに分けられます。

ここでは、効果的なポジティブフィードバックの方法を押さえておきましょう。

ポジティブフィードバックは双方が気持ちよく話せる内容なので、実践しやすく簡単そうに思えますが、的外れなほめ方は逆効果になることがあります。

たとえば、次のようなほめ方には注意が必要です。

〈曖昧にほめる〉「いつもありがとう。頑張っているね!」

→「適当だな」と思われ、真剣に受け取られない可能性がある。

〈簡単なことでほめる〉「毎朝、挨拶してくれてありがとう!」

→「そのくらい誰でもできる」と感じられ、逆に不満を持たれる可能性がある。

ポジティブフィードバックのコツは、具体的にほめることです。そのために意識したいのが、「SBIモデル」です。

SBIモデルを用いたポジティブフィードバックの例を見てみましょう。

いつも丁寧に資料を作成してくれて、ありがとう。（状況：S）
今回のプレゼン資料はグラフを使って情報を「見える化」してくれたね。（行動：B）
クライアントから、「これなら意思決定が早くできる」と喜ばれたよ。（影響：I）

いかがでしょう。リーダーが〝きちんとほめる〟とは、こういうことです。

「状況（S）」だけを伝えると、場合によっては、「たいしたことではないのに、こんなことでほめられてもうれしくない」と思われることがあります。

そこで、本人の言動（行動：B）にフォーカスし、周囲にどんな結果（影響：I）をもたらしたかを具体的に説明するのです。フィードバック内容の信頼感が高まり、説得力が増します。

ほめられた人は、自分の行動が周囲に与える影響をわかっていないことも少なくありません。周囲へ与えているよい影響を伝えて、本人もそれを自覚できると、さらなるモチベーションアップにつながります。

【SBIの3点を意識してほめる】

S〔Situation〕
シチュエーション
状況
日付、時間、場所、結果の数字などの具体的な状況。

B〔Behavior〕
ビヘイビア
行動
その状況下で見られたメンバーのふるまい(事実に基づくもの)。

I〔Impact〕
インパクト
影響
その状況やメンバーの行動が周囲(社内、社外)に与えた影響。

"ぶらぶらマネジメント"で情報を集める

フィードバックを適切に行うためには、できるだけ正確な情報収集が不可欠です。

「この人はよく見てくれている」と思わせる信頼感を得るために、日頃から、「観察」「本人との会話や面談」「第三者の声」の3方向から情報を集めるようにしましょう。これは、三角測量（トライアンギュレーション）と呼ばれる情報収集の手法。現場リーダーが知っておきたいメソッドです。

【三角測量（トライアンギュレーション）】

3方向から集めた客観的な情報をもとにフィードバックを行う

観察
（リーダーの視点）

メンバーの職場での行動・言動・表情を細かく観察する。

本人との会話や面談
（相手の視点）

日頃の会話や1on1ミーティングの中で語られる情報を集める。

第三者の声
（同僚の視点）

チームメンバーである同僚に「○○さんは最近どう？」と聞いておく。

三角測量のポイントで、意外と忘れがちなのが、第三者である同僚の声を聞くことです。リーダーからは見えていない情報を得ることで、より正確な情報収集ができます。

これには、〝ぶらぶらマネジメント〟が威力を発揮します。

「歩きまわるマネジメント（MBWA：Management By Walking Around)」と呼ばれるマネジメント手法の1つで、**職場をぶらぶらと歩きまわって、一緒に仕事をしている人に「○○さん、最近忙しそう？」「何か困っていない？」と気になるメンバーの様子を聞いてみ**

るのです。

リーダーは自分の席に座ったままではダメ。自分のタスクに追われている場合ではないのです。メンバーをよく観察し、第三者の声や会話に耳を澄ませることを優先しましょう。

リモートワークが広がり、同じ部屋で仕事をする機会が減っているリーダーこそ、メンバーが出社するタイミングを見て、こまめに職場を歩きまわる習慣が大きな効果を生みます。

リモートワーク環境では、オンライン会議後の声かけやチャットでのフォローを活用してみてください。

関連
Keyword

● 1on1ミーティング ⇒ 134ページ
● ネガティブフィードバック ⇒ 148ページ

コミュニケーション
07

ネガティブフィードバックの鍵は「説得」ではなく「納得」にあった

■重視したいのは「納得づくり」

ネガティブフィードバックは、メンバーの問題行動に対して注意を促し、改善を促すために欠かせないものです。たとえ厳しい内容であっても、本人の成長を支えるためには、相手が納得し、前向きに受け入れられるような伝え方が求められます。

このとき、いくら正しいことを一生懸命に伝えても納得してもらえないものです。納得を得るには、聞くことが鍵になります。そのためにも、左の5つのステップを意識することが重要です。

【ネガティブフィードバックの5ステップ】

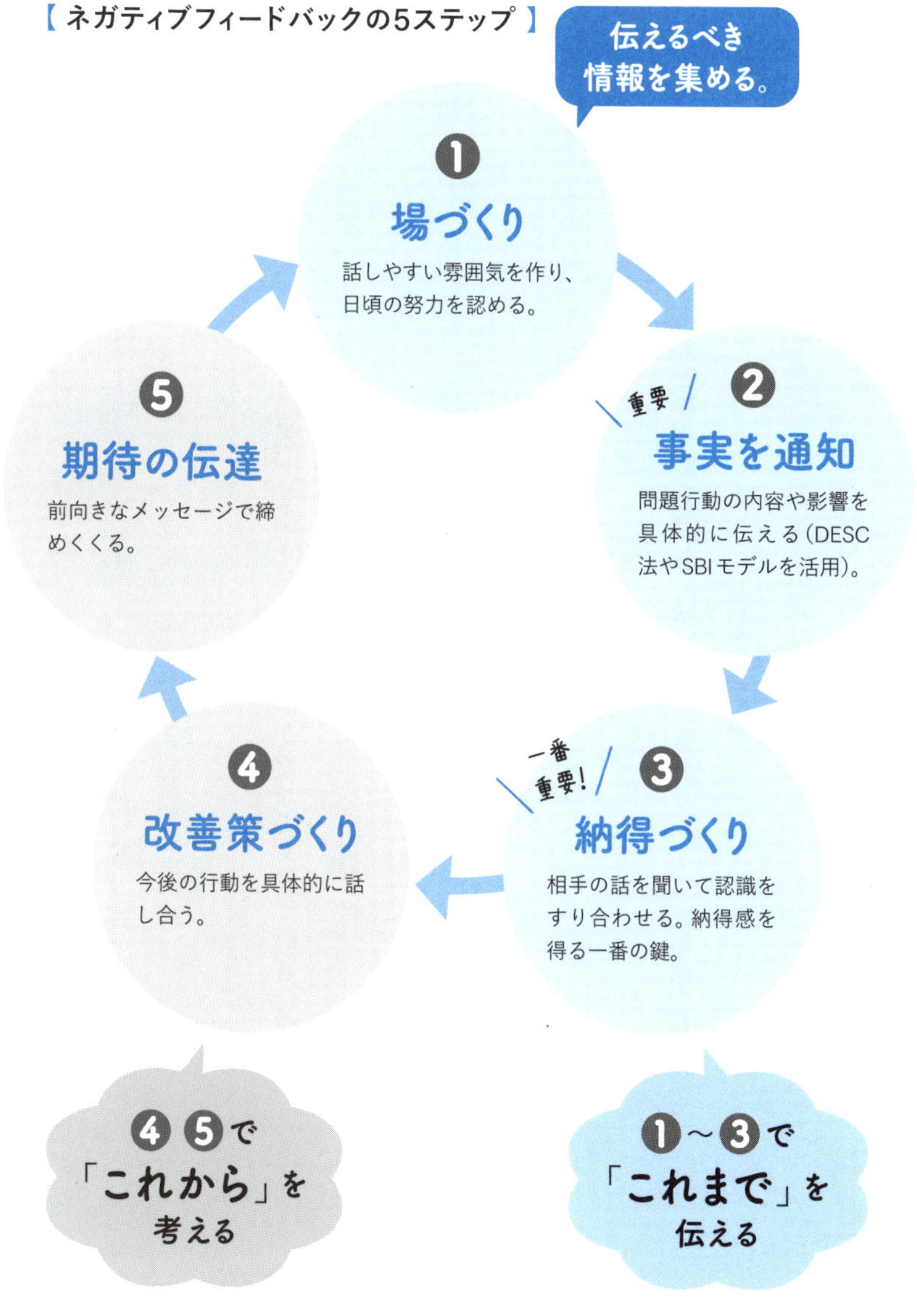
伝えるべき情報を集める。
❶
場づくり
話しやすい雰囲気を作り、日頃の努力を認める。
重要
❷
事実を通知
問題行動の内容や影響を具体的に伝える（DESC法やSBIモデルを活用）。
一番重要！
❸
納得づくり
相手の話を聞いて認識をすり合わせる。納得感を得る一番の鍵。
❹
改善策づくり
今後の行動を具体的に話し合う。
❺
期待の伝達
前向きなメッセージで締めくくる。
❶～❸で「これまで」を伝える
❹❺で「これから」を考える

5つのステップを活用した、具体的な会話例を見ながら説明していきましょう。
まずは、ステップ①～③で〝これまで〟のことを一緒に振り返ります。

お疲れさま。先週も頑張っていたね。Aさんがやってくれている
データ集計、とても助かっているよ。ありがとう。（①場づくり）

いえいえ。そんなことないです。ありがとうございます。

ところでね、今回、ミスが立て続けに起こったよね。
その結果、スケジュールが2週間後ろ倒しになって、
BさんとCさんの仕事が期日通りに始められなくて困っているそうなんだ。
これはよくないと思っている。（②事実を通知）
これについてどう思う？　Aさんの事情や想いを教えてもらってもいい？

そうですね……申し訳なかったと思います。でも、忙しくて余裕がないんですよ。

そうか、忙しすぎるんだね。**話を聞かせてもらっていい？**（中略）なるほど、そのとき**どう思った？**（中略）それで、**どうしたの？**（中略）今から思うと、**どんなことができたと思う？**（中略）だとしたら、**何が本当の問題だろうね？**（中略）（③納得づくり）

相手に耳の痛いことを伝えるネガティブフィードバックは、伝え方次第でその後の行動が変わります。特に**「②事実を通知」と「③納得づくり」が重要です。**

事実を伝える（②）ときは、曖昧さを避けることと、**「忙しかったから仕方ないけど」などの余計なフォローを控えることがポイントです。言い訳の余地があると改善につながりにくくなるため、フォローしたい気持ちをぐっと抑えます。**

一方、「あなたのやり方は間違っている」といった決めつけも禁物。反発心を持たれないよう、「私には〇〇のように見える」などソフトな表現を使いましょう。

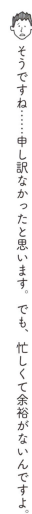

そして、最も重要な、ステップ③の納得づくりに移ります。

ステップ②で事実を伝えても、そのまま本人が納得することはほとんどありません。

このとき、リーダーが一方的に話して「説得」しようとしてはいけません。

まず、「あなたはどう思う？」「教えてくれる？」といった質問で、本人の想いや考えを十分に引き出します。それから、「どうしたらよかったと思う？」「どうして気づかなかったんだろう？」「本当の問題は何かな？」など新たな視点を示すことで、課題の自覚を促し、認識をすり合わせていきます。

課題を共有できたら、ステップ④と⑤で〝これから〟のことを考えていきます。

具体的にどうするか、一緒に考えていこう。同じやり方でミスのない人もいるから何か方法はあるはずだけど、**どうするのがいいと思う？（④改善策づくり）**

複数人でチェックできたらいいと思います。

いい観点だね。私もそれはいいと思う。予定に組み込んでやっていこうか。
では、スケジュールを考えてもらっていい？
Aさんならきっと大丈夫。一緒に頑張っていこう。（⑤期待の伝達）

改善策は、できるだけ自分の口から語らせることで、相手に「自己決定感」を感じさせやすくします。必要に応じて選択肢や過去の成功例を示して、気づきを与えましょう。
最後に、「あなたなら大丈夫」と期待をこめてフォローすることで、相手は安心して前向きに改善策に取り組む気持ちになります。**フィードバックのあとも、定期的に確認する場を設けて、トラブルを未然に防ぐようにしましょう。**

関連Keyword
- アサーション ⇒ 126ページ
- ポジティブフィードバック ⇒ 142ページ

コミュニケーション
08

新人は不安がいっぱい。3ステップの指導で不安をなくす

一人ひとり丁寧に寄り添う

チームは、「スキル（技術の習熟度）」や「モチベーション」が異なるメンバーで構成されることが一般的です。そのため、リーダーは、相手の経験やスキルに応じて、仕事の任せ方や指導のアプローチを変える必要があります。これは38ページの「SL理論」の考え方で、より実践に照らし合わせると、指導法は次の3つに分けられます。

〈新人や経験が浅いメンバー〉「ティーチング」で丁寧に指導する
〈中堅社員〉「コーチング」で主体的に考えさせながらサポートする
〈ベテラン社員〉「委任」で自主性を尊重し、自由度を持たせる

この３つの指導法を意識することで、メンバーそれぞれの成長に合わせた適切なサポートを行えます。

不慣れな新人に対して「好きにやっていいよ」と自由な裁量を与えたとしましょう。一見優しそうなアプローチに見えますが、実は大きなプレッシャーを与えてしまいます。新人は「どう進めればいいのか」「どの基準で判断すればいいのか」がわからないからです。混乱し、業務に対する不安が増してしまいます。

業務に不慣れで不安も多い新人に対しては、丁寧なティーチングが必要です。ここでは、ティーチングに焦点を当てて解説します。

【ティーチングの3ステップ】

ステップ1 5W1Hで指示を出す

重要！

Why	なぜそれをするのか
What	具体的に何をするのか
Who	誰に対して
Where	どこで、どこからどこまで
When	何日、何時、何日間
How	どのように（手段）

ケースによっては省くこともある。

ステップ2 不明点や不安がないか確認する

ステップ3 復唱してもらうことで、理解度を確認する

■「5W1H」で具体的に伝える

ティーチングのコツは、「5W1H」を使いながら、上の3ステップで進めることです。具体的な会話を見てみましょう。

Aさんには、この地域の企業を1～6丁目まで（どこ：Where）今から1ヵ月かけて（いつ：When）回ってほしい（何：What）と思っています。窓口の方ではなく、その企業の人事担当者さん（誰：Who）と話をしてほしい。

……はい。

飛び込み営業は、突然訪問するので嫌がられることもあるけど、採用に課題を抱えている企業にとっては、訪問がよいきっかけになることもある。

なぜこれをお願いするかというと、訪問先の100件のうち数件は、採用に役立つ情報を得られたと喜ばれるからなんだ。（なぜ：Why）

具体的には、このパンフレットをお渡ししながら、これとこれについてヒアリングしてほしい。

詳しいやり方はこのマニュアルを見てもらえるかな。（どのように：How）

どう？　わからない点はある？

（「ない」と返事された場合は、「不安な点はない？」と再確認する）

（②不明点の確認）

今のところ大丈夫です。

そうか。よかった。
じゃあ、一気にいろいろと伝えたのでうまく伝えられたか心配だから、
念のために、やることを復唱してもらえるかな？（③復唱）

復唱してもらう理由を「相手の理解を確認するため」ではなく、「こちらの伝え方に問題がなかったか確認するため」と伝えるようにすると、部下の気分を害しません。

少し丁寧すぎると思われるかもしれませんが、相手が経験したことのない仕事を指示する際には、このくらいやってようやく部下は安心できるのです。

周囲の役に立つことで「納得感」を得られる

5W1Hの中でも、特に「なぜ：Why」を明確に伝え、納得感を得てもらうことが重要です。

納得感が得られたメンバーは、指示された仕事に対する不安が減り、自発的かつ積極的に取り組めるようになります。

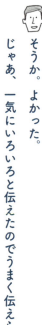

若い世代には、「会社のため」「自分の成長のため」といった理由付けよりも、その仕事が「誰かの役に立つ」ということを強調すると響きやすい傾向があります。たとえば、「お客様のため」「世の中のため」といった貢献意欲を満たす理由付けは、仕事の意義を伝えるうえで効果的です。

「自分の仕事が誰かの役に立ち、意味がある」と実感できる理由付けは、若い世代だけでなく、幅広いメンバーにとっても効果的なので、覚えておくと役立ちます。

関連Keyword

●タイムマネジメント⇓86ページ
●コーチング⇓160ページ

コミュニケーション

09

「教える」より「考えさせる」が本当の指導

マイクロマネジメントに陥らない

ティーチングで基本的な業務を身につけたメンバーが次のステップへ進む際には、細かな指示に頼らず、彼ら自身の「考える力」を育むコーチングが有効です。

コーチングとは、対話や質問を通じて相手に気づきを促し、自ら答えを導き出せるようサポートする方法です。ティーチングが「教える」ことに重点を置くのに対し、コーチングでは「考えさせる」ことを目的とします。

リーダーとして、メンバーの成長段階に応じて、ティーチングからコーチングへ移行するタイミングを見極めることが求められます。目安としては、一通り自分で業務を

こなせるようになった頃。業務によっては1〜2ヵ月のこともありますし、難易度が高い業務だと数ヵ月〜2年くらいかかるでしょう。

リーダーが細かな指示を出すのは一見親切に見えますが、過度に関与すると「マイクロマネジメント」（業務を細部にわたって管理し、指示を出しすぎること。90ページ参照）に陥り、メンバーの成長機会を奪うことになります。

特に、プレイヤーとして優秀だったリーダーほど、この罠にハマりがちです。

目先の成果ではなく、メンバーの成長を目指して、「口出ししたい気持ち」をぐっ

【コーチング技法の「GROWモデル」】

G	会話のゴール	〔Goal〕	「では、～について話し合いましょうか」
R	診断	〔Reality〕現状の把握	「状況を教えてもらっていいですか？」
		〔Resource〕資源の発見	「何があれば問題がなくなりますか？」
O	対策の選択肢	〔Options〕	「どんな方法があるか、いくつか考えてみませんか？」「どの方法が一番しっくりきましたか？」
W	本人の意志	〔Will〕	「納得感はありますか？」「では何から始めましょうか？（スケジュールを決める）」

ところえ、成長を促すコーチングを意識しましょう。

■「GROWモデル」で主体性を引き出す

コーチングを効果的に行うには、上の「GROWモデル」を活用するとよいでしょう。メンバーにいちいち助言せずとも、質問で「気づき」を与えることができるフレームワークです。

このフレームワークの一番のメリットは本人に「自己決定感」を持たせられる点です。自己決定感は、「自分が決めていい」

「自分が決めた」と自覚できる感覚のことで、これこそが本人の主体性を引き出す最大の鍵といっても過言ではないのです。あなたも、言われたことをするより、自分で決めたことをするほうが、やる気が出るのではないでしょうか。

では、GROWモデルに沿った具体的な会話例を見てみましょう。

最近、忙しくて残業が増えてしまっています。なんとかしたいのですが……。

そうだよね。部長から注意されていたね。じゃあ今日は、残業をなくす方法を一緒に考えてみようか。（G：会話のゴール）
現状はどうなっているの？（中略）（R：現状の把握）
そうなんだ。ところで問題になっているのはどんな業務？（中略）
これからどうなりそう？（中略）

最初は、このように状況を確認する質問から始めます。その次は、「何があれば解決できるか」を確認します。この「何」のことをGROWモデルでは、「資源」といいます。

それから、「対策」を考えさせ、「本人の意志」を確認していきます。

なるほど。それなら何があれば残業を減らせそうかな？**（R：資源の発見）**

段取りをよくすることでしょうか。

なるほどね。その段取りってどんなことを言っているのかな？

そうですね、優先順位がつけられていないと思うんです。
だから、優先順位がつけられたら、段取りがよくなると思うんです。

いい観点だね。優先順位をつける方法はいくつかあると思うんだけど、
どんなやり方がよさそうかな？　いくつか選択肢を出してみて、
ベストなものを選んでみようよ。どんなものがありそう？**（O：対策の選択肢）**

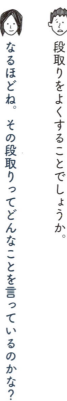

タスクをリストアップして、○×△の印で優先順位をつけるとか……。
あとは仕事が早い先輩に相談するのもいいかもしれません。

1つめは○×△の印で優先順位をつける方法。2つめが先輩に相談することだね。
ちなみに、他には考えられる？

そうですね……。過去1ヵ月を振り返って、
結果に影響のない業務をやめてみるのも有効かもしれません。

素晴らしいね。じゃあ、どうしようか。（W：本人の意志）

自己決定感が成長を後押しする

GROWモデルの流れに沿うと、効率的に自己決定感を与えられます。メンバーに「やらされ感」がなくなり、主体的に行動する意欲が高まるのです。また、主体的に取

り組んで成功体験を積むことで、本人の自信にもつながります。

GROWモデルのR・O・Wでは、本人の中にある答えを引き出すことが求められます。そこで不可欠なのが拡大質問の技術です。「はい／いいえ」では答えられない質問を投げかけることで、相手自身が状況を整理し、解決策を見つけやすくなります。たとえば、「どうして？」「どんな？」「どのように？」（3つの「ど」）や、「何かある？」「というと？」などが、拡大質問の代表的なフレーズです。

また、メンバーから答えが出てこないときも、焦らず「待つ姿勢」が大切です。すぐに「○○してみたら？」「○○をやっている人もいるけどどう？」と答えを与えるのではなく、沈黙への対処法（120ページ）を活用しながら、本人に考えさせる余地を作りましょう。リーダーは「答えを教える立場」ではなく、「考えるきっかけを提供する立場」。メンバーの成長を促し、次の挑戦への意欲を高めていくことが大切です。

関連Keyword
● 聞く②／拡大質問 ⇒ 114ページ
● 動機付け（モチベーションアップ）⇒ 194ページ

コミュニケーション
10

変化を見逃さずに、バーンアウトを防ぐ

まじめで責任感が強い人ほど、バーンアウトしやすい

リーダーの重要な役割の1つは、メンバーの心身の健康を見守り、彼らが能力を最大限に発揮できる環境を整えることです。

メンバーがストレスを抱えすぎて体調を崩したり、極度の疲労状態（バーンアウト）に陥ったりしないよう、日常的な観察とフォローを行うことが求められます。個人差がありますので、きめ細かくケアする必要があります。

特に、まじめで責任感の強いメンバーほど、自分の限界を意識せずに無理をしてし

【バーンアウトの予兆 チェックリスト】

客観的な状況

- ☑ 業務が急増し、忙しくなっている
- ☑ 業績のプレッシャーが大きい
- ☑ マイクロマネジメントを受けている

本人の様子

- ☑ 顔色が悪い、疲れている
- ☑ バタバタと慌ただしい動きが目立つようになった
- ☑ 時間ギリギリ、遅れることが増える
- ☑ ミスが増える、指示を忘れる
- ☑ 生活が乱れる（ごはんを食べていない、眠れていない）

これらの予兆が見られたら、早めに声をかけてミーティングを行いましょう。

まうことがあります。「大丈夫かな？」という目でメンバーを常に見守りましょう。バーンアウトしそうな人には、上のような特徴があります。

変化を見逃さないためには、「いつもとの違い」を意識することが重要です。もともと落ち着いて仕事をしていた人が急に慌ただしくなる、いつもは元気な人が突然無口になるなど、普段とのギャップに気づいたら、なるべく早めに、1on1ミーティングなどで、

「体調はどう？」「大丈夫？」などとフォローをしましょう。

バーンアウト予防はリスクマネジメント

たとえ、「大丈夫です」と答えた場合でも、鵜呑みにしないで「本当に大丈夫かな？」という気持ちで観察を続けることが重要です。

責任感の強いメンバーほど、「人を頼れない」「結果を出さなければ」「迷惑をかけたくない」といった理由で無理をしてしまうものです。

次のような声かけで、そうした気持ちを和らげるようにしてください。

「何か困っていることがあれば話してほしい。」
「結果を出すことよりも、長く元気に働けることが大事だよ。」
「コンディションを調整するのも、仕事のスキルの1つだよ。」

バーンアウトは、メンバーの体調不良や休職、退職にまでつながることもあります。仕事がストップすることで、チーム全体にも影響が及ぶでしょう。

そうなる前に、業務量や内容、担当などを見直し、環境を整えておくことが求められます。

個性を活かした柔軟なリーダーシップ

メンバーの個性や特性に応じて、働きやすい環境を整えることも大切です。

たとえば、感受性が高く、繊細な気質を持つ「HSP」（Highly Sensitive Person）の人は、刺激に敏感で、周囲の影響を受けやすい特徴があります。これには、約5人に1人が該当するといわれており、無意識のうちに責任を抱え込み、自分の限界を超えて頑張ってしまうことがあります。

「気にしすぎなくていい」と伝えても、なかなかわかってもらえないところがありますが、その気質を否定しないで、「そういう考え方をするんだな」と寄り添う気持ちが大切です。過度な負担がかからないよう、仕事を調整しておきましょう。

一人ひとりのエネルギーや適性はさまざまです。

「スーパーカー」のように高い馬力で高速道路を駆け抜けるタイプの人もいれば、「軽自動車」のように細い道をゆっくり丁寧に走るタイプの人もいます。

軽自動車タイプの人に、スーパーカー並みのスピードや負荷を求めると、オーバーヒートを起こしてしまいます。

画一的な期待を押し付けないで、それぞれが力を発揮できる業務量やペースを見極め、柔軟に対応することで、チーム全体のパフォーマンスを向上させましょう。

リーダー自身がスーパーカータイプであっても、軽自動車タイプの人やHSPのメンバーに接する際には、自分も同じ立ち位置で話すように心がけましょう。

「実は私もパワフルに頑張れるタイプじゃないの」「バリバリ仕事をこなすタイプばかりがすごいわけじゃないよ」など共感と寄り添いの姿勢を見せることで、アドバイスや提案が相手にとって受け入れやすくなります。

関連 Keyword

●心理的安全性 ⇒ 212ページ
●リスクマネジメント ⇒ 240ページ

コミュニケーション

11

ベテランの部下には「次世代のため」が力になる

■意欲を引き出す鍵は、納得感と満足感

近年、優秀な若手に役割を与える企業が増え、若い上司と年上部下の組み合わせが一般的になってきました。かつて仕事を教わった先輩が部下になることも珍しくありません。

こうした状況で、「年上部下が指示を聞いてくれない」「手を抜いているように見える」といった悩みを抱えるリーダーも多いでしょう。

経験豊富なベテラン部下に、細かくティーチングをしたり、コーチングでやたらと尋ねすぎたりすると、モチベーションが下がってしまいます。

ベテランには「委任」の手法を取ります。**明確な要望を示しつつ、仕事の進め方を任せるアプローチを取ることで、力を発揮してもらいましょう。**

「○○さんには、ぜひ××をお願いしたいと考えています。やり方はお任せします。定期ミーティングで進捗を共有してもらっていいですか？　必要なサポートがあれば動きますので」と伝えて、これまでの知識やスキルを尊重することが重要です。

一方、会社の方針が変わったことで、これまでのやり方を変える必要が出てくる場合もあります。このとき**多くのベテランは、「自分の知らないところで決められていること」に納得がいかず、不満を抱きやすいものです。**

そのため、意見や想いを聞くプロセスは重要です。

もちろん、意見を聞いてもその通りにできないことは多いものです。大事なことは、「聞くプロセス」があること。**勝手に決まることに不満を覚えやすいことを押さえておくといいでしょう。**

Cさん、忙しいところすみません。
〇〇のプロジェクトの進め方について、少し相談させていただけますか。
方針がAからBに変わるなかで、現場でも対応を考えたいのですが、
Cさんは、どう思います？

正直なところ、この方針転換には納得いってないんだよね。よくないと思う。

そうですか。そうですよね。わかります。
Cさんは、もともと〇〇の前身のプロジェクトに従事されていましたもんね。
ただ、我々が変わらないと、
どこかで現場の業務がうまくいかなくなると思うんです。
Cさんのご経験から、何かよりよい方法はないでしょうか。

次世代へバトンを
渡すことで、
情熱がよみがえる
元気ない子は
ケアをして、と…
知識
経験

このように、相手の想いに寄り添い、ときには「我々が」という表現で相手と自分の立場を一致させるコミュニケーションも効果的です。このひと言を加えることで、ベテランメンバーは「リーダーが自分の想いを尊重してくれた」と感じ、ある程度の納得感や満足感を得られるのです。

「次世代のため」がモチベーションになる

ミドルエイジ部下の中には、通常業務に対するモチベーションが低下している人も少なくありません。とりわけ40歳を超えると「停滞感」を覚えることが多いもの。このような場合には、**「次世代のために役立**

つこと」が意欲を取り戻すきっかけになるかもしれません。

鍵となるのは、「世代継承性（ジェネラティビティ）」という考え方です。精神分析学者エリクソンが提唱したこの概念は、「次世代を育てたり関わったりすることで、自身の成長や発達を促す」という相互性を意味します。

たとえば、次のような役割を提案してみましょう。

〈勉強会の開催〉「これまでの経験を若手に伝えていただけませんか？」

〈メンター役の依頼〉「Cさんから若手が直接学べる場を作りたいと思います」

こうした役割を通じて、年上部下は「自分の経験が次世代に役立っている」と実感でき、その充実感がモチベーション向上につながります。結果として、若手の成長やチームの一体感を高める好循環が生まれるのです。

関連Keyword

- 1on1ミーティング ⇒ 134ページ
- 動機付け（モチベーションアップ）⇒ 194ページ

Part 3

共通ビジョンで成長が加速する

チーム
ビルディング

ビジョンを共有し、対話の場を整えてチームの力を最大化する

1年目リーダーが身につけたい3つめの柱は「チームビルディング」。これは、メンバーの力を最大限に引き出し、チームとして成果を上げる仕組みを作ることを指します。Part1~2で押さえたポイントが、チームビルディングのベースになります。

「方針はトップダウン、やり方はボトムアップ」で考える

チーム運営では、「トップダウン（上意下達）」と「ボトムアップ（下意上達）」の使い分けが欠かせません。基本的には次のように考えるとよいでしょう。

〈トップダウン〉方針を決めるのはリーダー
〈ボトムアップ〉やり方を考えるのはメンバー

近年、「上から押さえつけるやり方」は敬遠されています。しかし、すべてをメンバー任せにすると、チームの雰囲気はよくても成果が出にくいのが現実です。

たとえば、チームスポーツでは、「今年は優勝を目指す」といった具体的な目標をリーダーが示すことで、メンバーの力を結集できます。もちろん、メンバーの意見を聞くことは重要ですが、最終的には自分の言葉で「何を目指すのか」を示さなくてはなりません。

リーダーは、明確な「方針」を示し、最終的な責任を引き受ける覚悟が必要です。

一方、「やり方」までリーダーが細かく指示するのはNGです。

1年目リーダーにありがちな失敗として、「ちゃんとやらなければ」という想いから過剰に介入してしまうケースがあります。これではメンバーが「考える余地がない」

と感じ、「言われた通りにやればいい」と安易に考え、仕事への意欲を失ってしまいます。

やり方はメンバーに考えてもらい、リーダーはその提案を待ちましょう。もの足りないところがあれば、「この点はどうなの?」と問いかけて気づきを促します。こうすることで現場の知恵が活かされ、より効果的な方法が見つかることも多いのです。

たとえば、長時間労働が課題だとしたら、「3ヵ月で残業をゼロにしたい。そのために協力体制を確立させる」という方針をトップダウンで示し、具体的な達成手段はメンバーと一緒に考える、という形が理想的です。

優れたリーダーほど、このようなトップダウンとボトムアップの使い分けによって、チームの成果を最大化しています。

ビジョンをチームに浸透させる

ビジョンは、チームを1つにまとめ、成果を生み出すための指針です。

明確なビジョンがあれば、メンバーは自分の役割を理解し、目標に向かって主体的に動くことができます。そのため、リーダーが掲げるビジョンは、独りよがりではなく、メンバーが共感し「自分ごと」として捉えられるものであることが重要です。

そしてビジョンを浸透させるには、ミーティングや個別面談を通じて繰り返し伝え、行動に結びつける工夫が欠かせません。

また、**ビジョンを語る際には、「なぜ、あえて、それをしないといけないのか」という理由を明確にすることが必要です。**「部長から注意を受けたから残業をゼロにする」では説得力に欠けます。せめて「残業をゼロにすることでメンバーの働きやすさを向上させ、お客様へのサービスをより充実させられるから」など、納得感のある説明が必要でしょう。これは「ビジョン」の項目で詳しく解説します。

メンバーがビジョンに共感しないと、やらされ感しか生まれません。リーダー自身がビジョンの意義を理解し、熱意を持って伝えることが、チームを動かす鍵です。

■コミュニケーションの「量」と「質」を確保する

チームの一体感を高め、力を最大限に引き出すためには、メンバー同士が自由に意見を言い合える環境を整えることが大切です。どれほど素晴らしいビジョンを掲げても、コミュニケーションの機会が少なければ、チームはうまく機能しません。

そこで、Part2で解説したコミュニケーションの量と質の確保を、チーム全体の視点で実践することが求められます。

まず、**コミュニケーションの「量」は、日常的にメンバー全員が〝顔を合わせて〟話す機会を作ることで確保します。**職場やオンラインで、週に1回は進捗状況や今後の予定を共有する場を設けましょう。オンライン会議では、カメラをオンにすることで、視覚的なつながりを確保し、一体感を高めることができます。

また、**コミュニケーションの「質」は、チーム全体で職場や業務の課題を深く話し合う場を設けることで向上します。**たとえば、月例会議や定期的な研修を通じて、問題解決や改善策を一緒に検討することで、メンバー同士が協力しやすい環境が整い、チーム全体の成長を促すことができます。

Part3では、メンバーの力を結集し、強固なチームを築くための具体的な方法を解説します。ビジョンの作り方や伝え方、業務分担のコツ、職場環境の整え方、会議やプロジェクトの運営方法など、1年目リーダーがチームをまとめるために必要なポイントを厳選しています。

これらを実践することで、協力的な雰囲気を育みながら、チームを強く大きく成長させることができます。

強いチームを作るための心構え

1 「方針はトップダウン、やり方はボトムアップ」で考える

2 ビジョンをチームに浸透させる

3 メンバー同士が意見を言いやすい環境を整える

チームビルディング 01

Theyの視点からBefore→Afterを語る

「誰」のために、ここまで頑張るのか？

Part1「組織の3要素」の項目で、リーダーは「ビジョン（共通の目的）」「貢献意欲」「コミュニケーション」の3つを整えることが大切だと話しました。その中でも、ビジョンは「チームビルディング」を成功させる鍵となる要素です。

ここでは、ビジョンの役割や伝え方についてさらに詳しくお伝えします。

営業部であれば営業目標を、労務部門であれば残業時間の削減などの生産性目標を設定していると思います。このような業務上の目標があれば、チームのビジョンは必要ないのではないか、と思う人もいるかもしれません。

しかし、それだけでは「何のために頑張っているのか」が曖昧になります。

チームのエネルギーを1つの方向に向け、一致団結して行動するためには、羅針盤となるチームビジョンが必要です。

たとえば、「課の営業目標を達成するために頑張ろう」という伝え方では、メンバーは「はい」とは言うものの、本気になるのは一部の人だけかもしれません。理由はさきほどもいったように、「何のために頑張るのか」が曖昧だからです。

構造的に見ると、「課の営業目標＝リーダーの目標」となるため、実質的には「私（I）の責任を果たすために頑張ろう」といっているのと等しいわけです。

このような「I視点」では、全員に共感を与え、メンバーの気持ちを1つにまとめるのは困難でしょう。

では、「You（あなた）」や「We（私たち）」の視点を用いた場合はどうでしょうか？

これもイマイチなことがわかります。

〈You 視点〉「達成すればみんなの成長につながる。だから頑張ろう」
→（自分の成長は自分で考える……）と思うメンバーもいるでしょう。
〈We 視点〉「我々のチームで、関東支社でナンバー1になろう」
→（別に一番でなくてもいいけど……）と思うメンバーもいるでしょう。

もちろん悪いメッセージではありませんが、セオリーを知っているリーダーなら、「まだ十分でない」と感じるはずです。

優秀なリーダーは、「They（彼ら）」視点で語ります。

「They」とはチームの外側にいる人々、つまりお客様や今後お客様になるかもしれない人々を指します。

たとえば、ある店の店長なら、次のように語ります。

「地域のお客様（They）のために、もっと楽しい店にしたい。そのバロメーターは、関東でナンバー1になることだろう。お客様から選ばれ関東ナンバー1になろう」

「They のため」という視点を持つことで、メンバーの共感を得やすくなるのです。

【視点をチームの外へ広げる】

優れたリーダーは、チームの内ではなく、外にある顧客や地域社会に目を向ける。

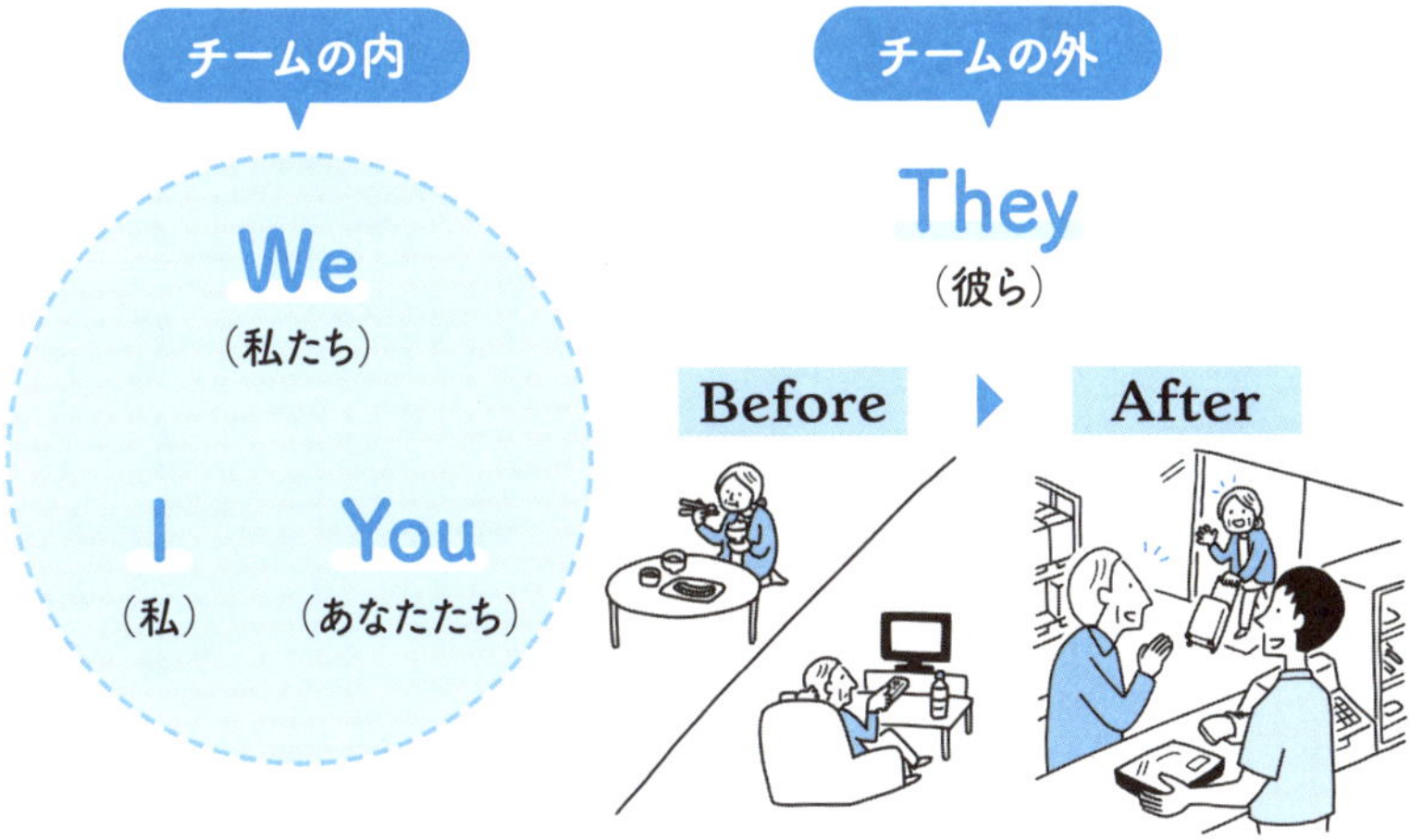

Before と After を具体的に示す

They 視点で語る際には、Before（現状）と After（理想的な未来）を具体的に示すと効果的です。

たとえば、次のような言葉です。

この地域では
一人暮らしの高齢者が多く、
話し相手がいなくて寂しい思いを
されている方も少なくありません。
だからこそ、お店に行くと
スタッフと話ができて楽しい、
そういう場所にしたいです。

そのために、接客では、○○の対応を取ってほしいです。

地域のお客様のために力を貸してください。


このように、地域のお客様の視点で理想的な未来を示し、「そのために何が必要か」をチームで共有することで、メンバーが「自分たちが誰のために仕事をして、どんな変化を起こせるのか」を具体的にイメージでき、貢献感を得られるのです。

「They」の視点からBefore→Afterを語る手法は、有名企業がその経営方針で、あるいはアニメなどのヒーローたちによって実践されています。


「持続可能なエネルギーへ、世界の移行を加速する（Tesla Japan 合同会社）」

「住まいの豊かさを、世界の人々に提供する。（株式会社ニトリホールディングス）」

「仲間を守り、里を平和にする（『NARUTO -ナルト-』）」

「困っている人を助けてみんなを笑顔にしたい（『それいけ！アンパンマン』）」

いずれも、地域社会や顧客、仲間など、外部にいる人々をどんな未来に導きたいのかを力強く示しています。

ビジョンに関する研修は、多くの場合、課長になる前のタイミングで行われます。 課長になったら、ビジョンを語ることでメンバーのモチベーションを引き出してほしい、と望まれるわけです。

リーダーになってすぐにビジョンを語るのは難しいかもしれません。しかし、現場リーダーとしての経験を積むなかで、チームの行動が顧客にどのような影響を与えるのか、どのように社会に貢献できるのかを明確にしていき、少しずつBefore→Afterでビジョンを語れるようになっていきましょう。

関連Keyword

- 組織の3要素⇓28ページ
- ビジョン②⇓190ページ
- 動機付け（モチベーションアップ）⇓194ページ

チームビルディング

02

ビジョンに悩んだら会社の経営理念を借りてくる

説得力のあるビジョンを描くコツ

1年目リーダーにとって、いきなりチームビジョンを描くのはハードルが高いものです。「Before→After」でビジョンを語ろうといわれても、「ビジョンなんて考えたこともないし、どうしたらいいかわからない」と困ってしまう人もいるかもしれません。そこで、ビジョンを考える際に使える、ごく簡単な方法をお教えします。

それは、会社の経営理念や行動指針を借りてくることです。

【メンバーのコミットメント度】

組織とリーダーの価値観が明確になるほど、メンバーの主体性や貢献意欲が高まる。

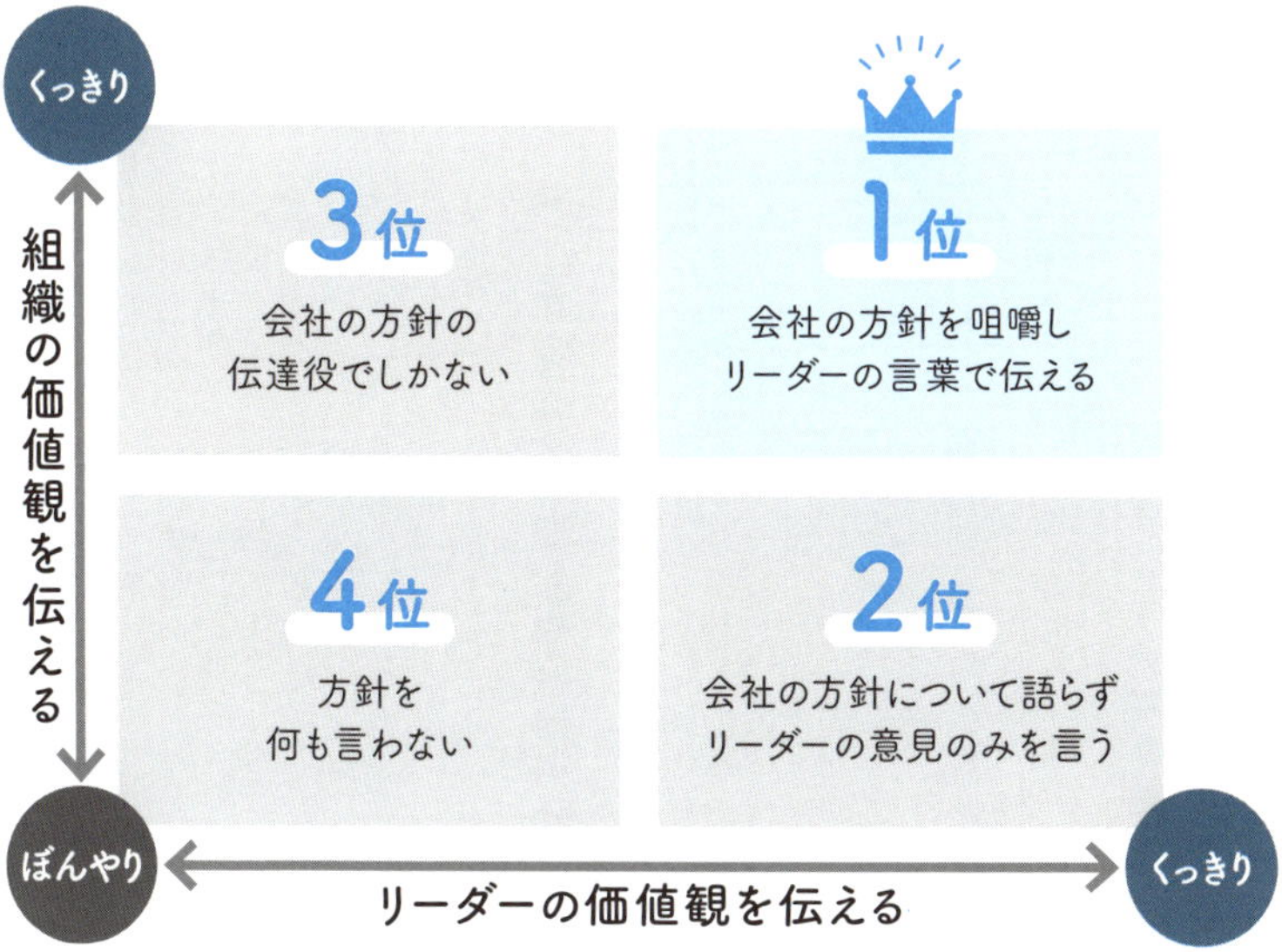

経営理念や経営方針は、どんな目的で、何のために経営しているのかを表現します。「社是」「スローガン」や、社員の行動指針となる「社訓」などで表明されています。**こうした会社の経営理念と、リーダー自身の思いや価値観とを結びつけることで、より説得力のあるビジョンを作ることができます。**

組織の価値観とリーダーの価値観、この両方が明確に伝わるほど、メンバーの主体性が強まります。チームビジョンを考えるときは、会社の経営方針と相反しないか、照らし合わせておきましょう。

余談ですが、会社の経営理念と照らし合わせたチームビジョンを掲げると、社長や経営陣からの受けがよくなります。社長にしてみれば、会社の理念を深く理解して、リーダーの言葉でメンバーに伝えてくれているのですから、こんなにうれしいことはありません。上司ウケを狙う必要はありませんが、会社からチームを預かる立場としては意識しておいたほうがよいでしょう。

ひょっとしたら、「うちの会社に理念なんてあったかな?」と心配になるかもしれませんが、**どんな会社にも理念や行動指針はかならず存在します。**会社のウェブサイトや会社案内、採用情報などをくまなく探してみてください。

まだリーダーとして自分がどうしたいのか見えない場合でも、会社の理念を頼りにしてビジョンが「ある」ように演じればOK。演じることもリーダーには必要です。

マイルストーンを明示すると本気度が高まる

メンバーには、ビジョンの達成に向けたマイルストーン（中間目標や達成確認ポイント）を示すことで、リーダーの本気がより伝わります。

たとえば、「地域ナンバー1のサービス提供」をビジョンに掲げるなら、「半年で顧客数を1.2倍」「1年後には1.5倍」といったマイルストーンも提示するのです。

期限を設定することで、メンバーは「え、マジ⁉︎」と思うでしょう。この「マジ⁉︎」を作ることでメンバーは本気になり、よりエネルギーを集中させることができます。

マイルストーンは、3ヵ月や半年などの短いスパンで設定するのがポイントです。短期目標を達成するたびに達成感を得られ、次の挑戦に前向きに取り組めます。

マイルストーンの設定には、最終的なゴールから逆算して「何をいつまでに達成すべきか」を考える「逆算思考」（72ページ）が役立ちます。

ビジョンは、メンバーにとって具体的な行動指針であり、日々の活動を支える原動力です。次の項目「動機付け」では、ビジョン達成に向けてメンバーのやる気を引き出す具体的な方法を紹介します。

関連Keyword

●逆算思考 ⇒ 72ページ
●ビジョン① ⇒ 184ページ

チームビルディング 03

「やらされる仕事」から「やりたくなる仕事」へ変える

やる気の方程式を知っておく

ビジョンをメンバーと共有したものの、イマイチやる気（モチベーション）が感じられない……。そんなときは早めに、メンバーが「自分から仕事をしたくなる」状況を整える必要があります。

メンバーの意識を「やらされる仕事」から「やりたくなる仕事」へと変えるために参考にしたいのが「Will-Can-Mustの法則」です。これは動機付けの法則の1つで、「やる気の方程式」ともいえるものです。

【 Will-Can-Mustの法則 】

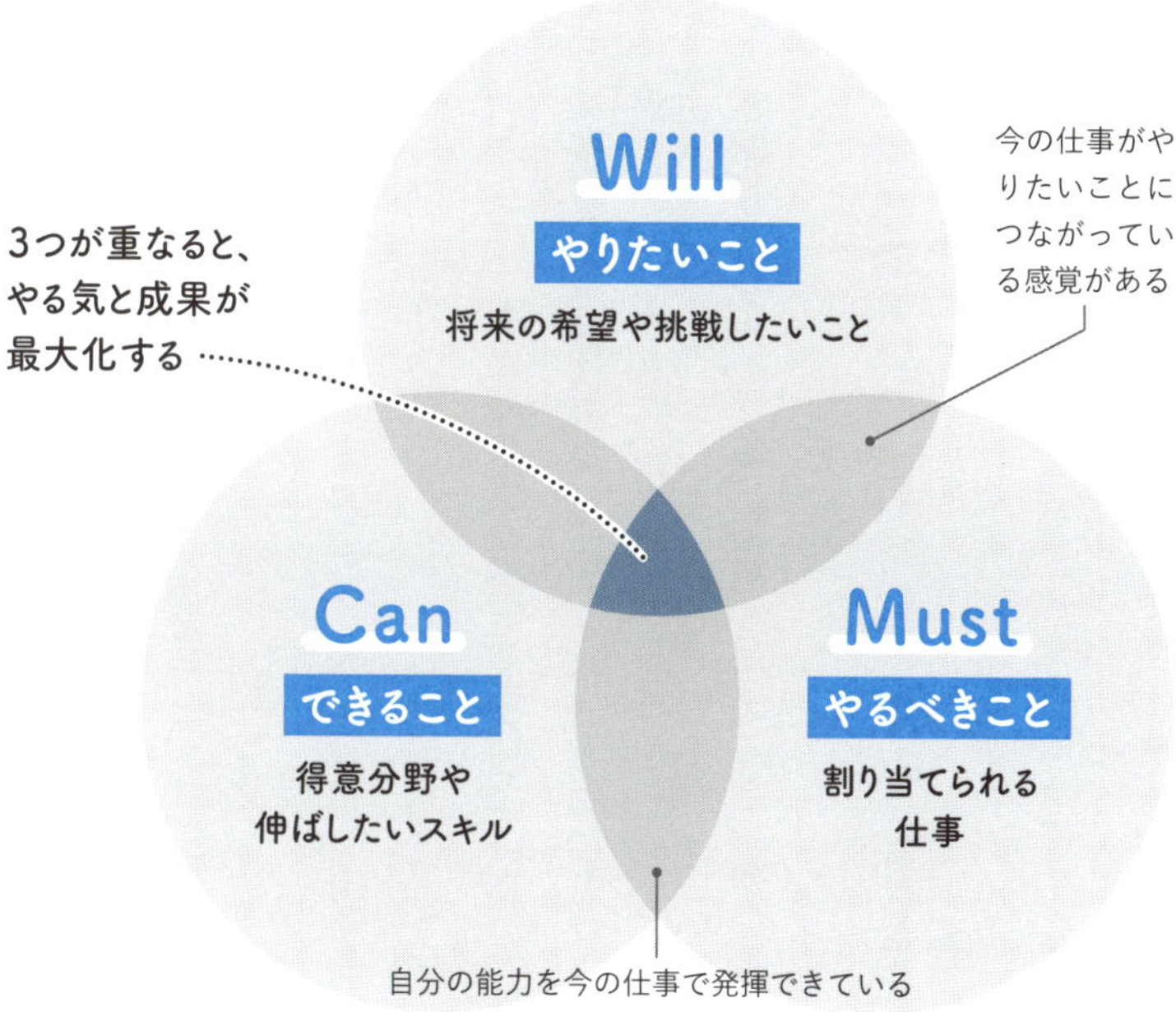
Will
やりたいこと
将来の希望や挑戦したいこと
Can
できること
得意分野や
伸ばしたいスキル
Must
やるべきこと
割り当てられる
仕事
3つが重なると、
やる気と成果が
最大化する
今の仕事がや
りたいことに
つながってい
る感覚がある
自分の能力を今の仕事で発揮できている

上手に活用すると、メンバーが主体的に仕事に打ち込むように導くことができます。

まず、上の図のように、Will（やりたいこと）、Must（やるべきこと）、Can（できること）の3つの円をイメージし、メンバーに任せている仕事（Must）が、残り2つの円と結びついているかを振り返ってみましょう。

3つが重なり合っている仕事なら、メンバーのやる気は最大化され、その結果として高い成果を生み出すことができます。

逆に結びついていない円がある場合を見てみましょう。

たとえば、「この仕事をお願いね」と、やるべきこと（Must）しか伝えていない場合、やる気を引き出すことは困難です。「給与が見合わない」「やりがいを感じない」と不満を持たれても仕方がないでしょう。

また、できること（Can）が欠けている場合は、期待した成果は望めませんし、無理に押し付ければ、メンバーの自信や意欲を損なう恐れもあります。

さらに、**本人の希望（Will）に合っていない場合も問題です。「得意分野の仕事だし、スキルアップにもなるからお願い」と伝えても、キャリア意識の高いメンバーほど、「やりたいことはこの会社にない」「ここでは成長できない」と感じてしまいがち。転職を考えるきっかけになってしまう可能性もあります。**

面談でメンバーのWill-Can-Mustを把握する

リーダーの役割は、単に仕事を割り当てることではなく、その仕事（Must）をメンバーのWillやCanと結びつけ、彼らが「やりたくなる」環境を作ることです。

そのためには、定期的にメンバーと面談を行いましょう。

【3つの円が重ならないケース】

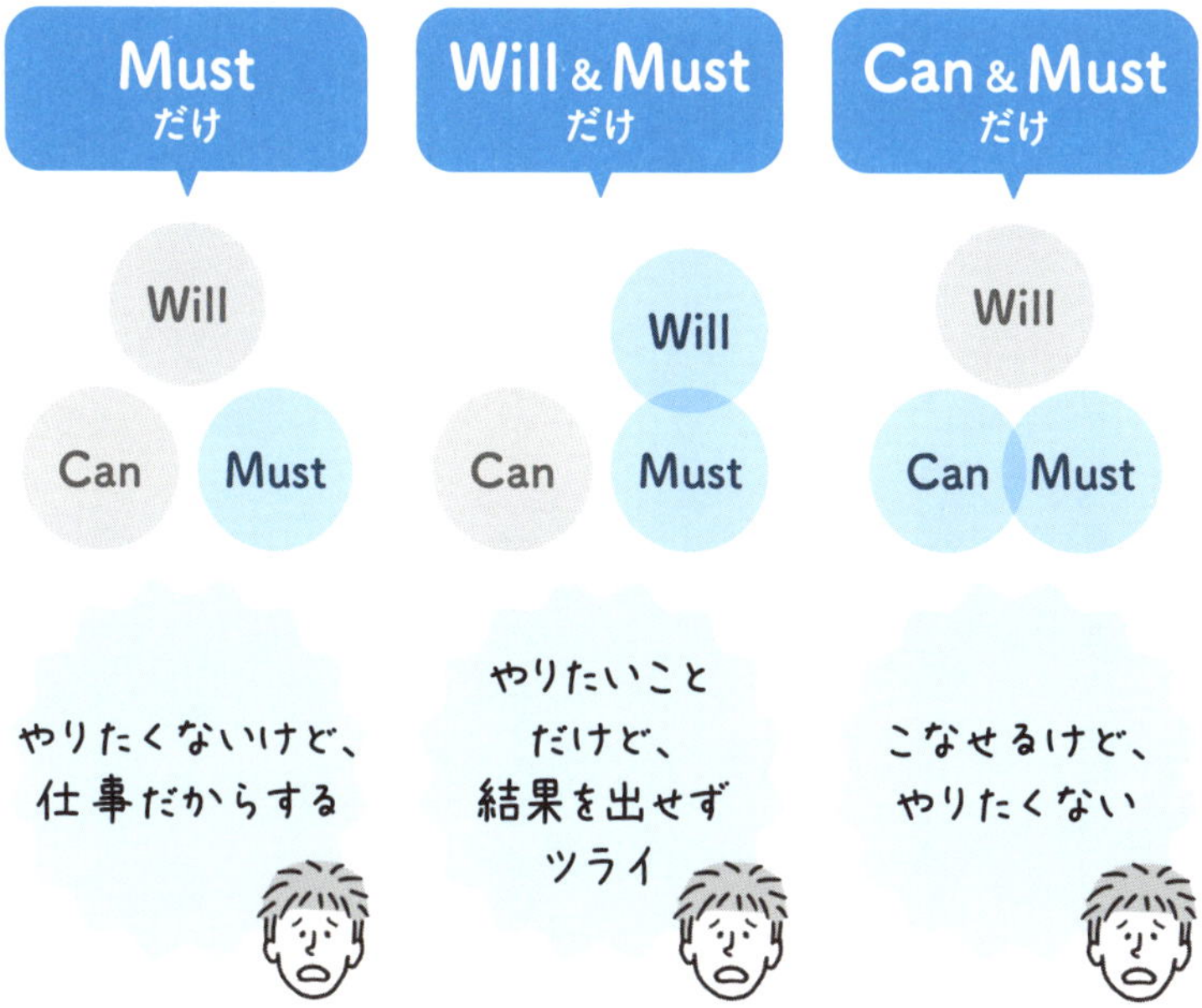

広報の仕事を希望している新人に、広報とは無縁の飛び込み営業を任せるケースを考えてみます。配属は本人の希望だけで決まらないため、よくある状況です。

こうした状況では、まず面談で「飛び込み営業をお願いしたいのだけど、その前に、将来どうなりたいのか教えてもらえますか？」と尋ね、メンバーの目標や希望を聞き出します。

配属に納得がいかないという話でも問題ありません。**聞き役に徹して気持ちをどんどん吐き出してもらいます。**

そのうえで、「広報を希望しているのはどうして?」「結果的にどうなりたい?」と質問し、メンバーのWillを掘り下げます。たとえば、「クリエイティブな仕事をしていきたい」という答えが返ってきたとしたら、次のように尋ねましょう。

それで、飛び込み営業の仕事（Must）は、Aさんが将来やりたいこと（Will）の役に立ちそうですか？　何かつながる部分はあるかな？

うーん……そうですね。
飛び込みを通じて、世間のことを知ることができるかもしれません。（Can）
それに、クリエイティブな仕事の人は、世間や世相に詳しい印象があります。
そう考えると、私にとって勉強になるかも、と思えてきました。（Will）

いい気づきですね。私もAさんには、この仕事を通じてどこでも活躍できる人になってほしいと思っていますよ。

そう考えると、やってみる価値があるかもしれません。

このように、**メンバー自身が仕事に意味付けをすることで「この仕事が自分の目標達成に役立つ」と感じられるようになり、意欲が高まります。**

もし期待する答えが得られなかった場合でも、「私は○○に役立つと思うよ。△△の力を身につけるいい機会だと思う」と、リーダーの考えを伝えることが大切です。

メンバーが仕事を「自分ごと」として捉えられるようになると、モチベーションが高まり、結果的にチーム全体のエネルギーも大きくなります。メンバー一人ひとりと向き合うことも、強いチームを作る第一歩なのです。

関連Keyword

- **組織の3要素 ⇒ 28ページ**
- **聞く①／アクティブリスニング ⇒ 106ページ**

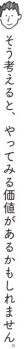

チーム
ビルディング
04

「平等なチーム」ではなく「公平なチーム」を目指す

できる人に仕事は集中する

仕事の割り振りでは、メンバーのスキルや状況に応じて業務量に差が出るのが普通です。能力が高い人に多くの仕事が回り、そうでない人には負担が軽い仕事が割り当てられます。これはビジネスの現実であり、全員に同じ量・質の仕事を割り振る「平等」では、チームの目標達成やメンバーそれぞれの成長は望めません。マネジメントの大家ドラッカーは、仕事の範囲を小さくすることは本人の活躍の場を奪うという話をしています。

とはいえ、「私ばかりに仕事が集中する!」といった不満には十分に配慮し、改善策

を考えるべきです。

リーダーの役割は、適材適所で「公平な割り振り」を行い、それをメンバーに納得させることにあります。そのためには、リーダーの適切なコミュニケーションとサポートが欠かせません。組織内の不満を減らし、活気あるチームを作るために、次のポイントを押さえてください。

1　仕事の意図と成長目標を示す

業務を割り振るときは、その仕事を通じて「何を学び、どのように成長してほしいのか」を明確に伝えます。「動機付け」の項目で紹介した「Will-Can-Must の法則」に則って、ただ割り振るのではなく、メンバーの Will や Can につなげることを意識します。

たとえば、Aさんには「PDCAを自力で回す力を身につけるために進行管理を任せたい」、Bさんには「タイムマネジメントスキルを磨くためにスケジュール調整の業務を担当してほしい」といった具合です。

仕事の意図と成長への期待を共有することで、メンバーは「押し付けられた」と感

じにくくなり、納得しやすくなります。

2 次のステージを示し、評価で報いる

能力の高いメンバーには、「次のステージ」での活躍を期待していることを伝えて、評価やキャリアアップを通じて報いる姿勢を示すことで、意欲を高めることができます。また、メンバーそれぞれのWillやCanにつなげることも可能です。

- **「この経験を次のキャリアステップでどう活かせるか」を明示する**
- **成果を正当に評価し、それに見合った昇進やキャリアアップの機会を提示する**
- **適切なフィードバックを行い、感謝と成果の振り返りを欠かさない**

これらの取り組みにより、メンバーは負担の多い仕事でも、「次のステージに進むための価値ある挑戦」として前向きに捉えるようになり、より積極的に取り組む姿勢が生まれます。

バランス調整が
リーダーの腕の
見せどころ
フォロー
評価
昇進
重い仕事

3　困難な仕事にはリーダーが寄り添う

チーム全体の目標を達成するため、あるメンバーに一時的に過重な負担をお願いすることもあるでしょう。

その際は、メンバーが納得感を持てるよう誠実な対応を心がけます。

まず、現状を正直に伝えましょう。「今回はチームの目標達成のために、通常以上の負担をお願いすることになります。でも、私もフォローするので一緒に頑張りましょう」といった形で、負担が一時的であることを説明し、サポートの意思を示します。

そして、必要に応じて、作業を分担したり、進行をサポートしたりして、メンバーの負担を軽減します。**リーダー自身が積極的に関わることで、チーム全体で課題を乗り越える姿勢を示すことが大切です。**

仕事を乗り切ったら、かならず適切な評価やフィードバックを行い、努力が報われる仕組みを整えます。メンバーが、取り組んだ仕事の価値を実感できるようにすることで、納得感や成長意欲につながります。

仕事の割り振りは、単なる業務配分ではなく、メンバーの成長を促し、チームの目標達成につなげる重要なプロセスです。

「公平」を意識し、誠実なコミュニケーションを続けることで、メンバーは自分の役割に納得し、チーム全体が活気づくでしょう。

関連Keyword

- 動機付け（モチベーションアップ）⇒194ページ
- プロジェクトマネジメント⇒246ページ

チームビルディング 05

「やるべきこと」ではなく「やめるべきこと」を決める

ムダな業務や完璧主義が生産性を下げている

「目標が引き上げられたわけでもないのに、仕事が多くて、メンバーが疲弊している」――そう感じたら、成果に結びつかないムダな仕事をしていないか疑う必要があります。

多くのリーダーは「やるべきこと」を追加する傾向が強く、業務を減らすことには目がいきにくいものです。しかし、リーダーに求められるのは「やめる勇気」です。不要な業務を削減し、本当に注力すべき仕事に集中できる環境を作ることで、チームの生産性を大きく向上させることができます。

ムダをなくすために有効なフレームワークが「ECRSの法則」です。

このフレームワークは、もともと生産管理の現場で使われている手法ですが、あらゆる業務改善に応用できます。

ECRSの4項目は、インパクトが大きい順に並んでいます。上から順番に検討していきましょう。

1　排除「なくせないか」を考える

業務改善の中で最も効果が高いのは、不要な作業や工程を「なくす」ことです。成果や顧客満足、リスクに影響を与えない活動を削除すれば、その分のコストや時間が丸ごと削減されます。**「排除」は最大のインパクトをもたらすアプローチで、リーダーが取り組むべき最優先事項です。**やめても影響のない資料作成、ミーティングなどがないか、振り返ってみてください。

ただし、業務を排除することは組織全体への影響も大きいため、リーダーの決断力が求められます。

【ムダをなくす「ECRSの法則」】

迷ったときは「意思決定マトリクス」（58ページ）を活用し、チームの成果に寄与しない業務を明確にして、削減を進めましょう。

2　結合「まとめられないか」を考える

複数の作業を1つにまとめることで、効率化を図ります。

たとえば、同じような作業を2人がやっているならば、それを1人にまとめられないでしょうか？「これまとめられないかな」という視点は、リーダーが持つべき視点です。営業アポイントを1日にまとめる、移動中に報告書の下書きを行うなど、取り組めることがないか考えてみましょう。

3 交換「入れ替えられないか」を考える

作業順序や配置を見直すことで、ムダな動きを減らすことができます。

ある工場では、鉄板を運ぶ作業の移動距離を、配置換えでゼロにしたことで、業務効率が大幅に向上しました。たとえば、「席の配置を見直すことでもっと楽に作業できないか」「工程を入れ替えることで作業時間を短縮できないか」といった観点も大切です。

4 簡素化「単純にできないか」を考える

手順を簡略化することで、作業効率を上げられます。

メールや資料のテンプレート化、定型業務の自動化ツールの活用、生成ＡＩを使った効率化などが挙げられます。


簡素化は、1つ1つは小さいインパクトですが、日常業務を着実に改善します。

最初から
完全にやめると
考えなくていい
業務A
やめる
お試しで
やめる

小さく始めることでハードルを下げる

ＥＣＲＳのどのアクションを実行するにしても、独断で行うのは避けましょう。

特に「排除」の実施は、上司に確認することをおすすめします。スムーズに許可を得るポイントは、「ハードルを下げること」です。具体的な「排除」の事例を見てみましょう。

あるチームでは、「毎日の朝礼があるため、朝一番のアポイントを入れられない」状況がありました。

リーダーはまず、朝礼をやめた場合の「メリット」と「リスク」を試算し、売上への影響をシミュレーションしました。その数字をもとに、上司に「朝礼を廃止したい」と相談しました。

上司はメリットを理解しながらも、難色を示します。

そこでリーダーは、「そう、心配ですよね。どのあたりが気になりますか?」と確認。上司の懸念を聞き出してから、次のように申し出ました。

「それなら、いったんうちのチームだけで実験してみましょうか。その結果をレポートしますので、またご検討ください」

リスクを最小限に抑える提案を行い、そのチームだけ「朝礼を週2回に減らす実験を1ヵ月間行う」ことへの了承を取り付けたのです。

実験の結果、商談件数が増え、成果が上がったことが証明されました。これを受けて、他部門でも同様の取り組みが進みました。

排除や変更に対しては、多くの人が「失敗したらどうしよう」と不安に感じるものです。その際は、実践へのハードルを下げる次のような言葉を使うと、関係者の心理的負担を軽減できます。

「いったんやめてみようか」

一斉に全体的にやめるのではなく、「一時的に」「一部分だけ」やめる形で提案します。

「1回うちで実験してみます」

小さな範囲で試験的に行うことで、リスクを最小限に抑える提案をします。

1年目リーダーは、現場をよく知るからこそ、ムダなことや、削ってはいけないことを見つけやすい立場にあります。小さな改善から始め、実績を積み重ねていくことで、着実な業務改善につなげましょう。

関連Keyword

● 決断力 ⇒ 56ページ
● ロジカルシンキング ⇒ 234ページ

チーム
ビルディング
06

失敗を歓迎して弱い自分を「チラ見せ」する

ポジティブな反応を心がける

「心理的安全性」とは、チームや職場で「自分の意見や感情を安心して表明できる環境」を指します。

この概念は、組織行動学者エイミー・エドモンドソンによって提唱され、特に高いパフォーマンスを発揮するチームに共通する要素として注目されています。

心理的安全性を高める鍵は、「失敗を歓迎する」文化を築くことです。

たとえば、悪い報告を受けたとき、「マジ!?」と思いながらも、あえて「報告ありがとう。ではすぐに対応を考えよう」とポジティブに応えることで、メンバーは安心して問題を共有できるようになります。

また、「それはおかしいと思います」と方針に疑問を呈する声に対しても、「そうか。教えて。どういうこと?」と興味を示し、歓迎する姿勢を見せることが求められます。

たとえ内心では戸惑いや怒りを感じても、ポジティブに応じることで、意見を言いやすい雰囲気を作れます。

心理的安全性が高い組織では、よい話の共有だけでなく、「ネガティブな情報」を共有する場が設けられます。取引先との小さなトラブルや自分のミスなど、悪い情報をいかにリーダーが把握するかは、マネジメントにおいて極めて重要です。

だからこそリーダーは、ネガティブな情報に対して、「ありがとう、これは大事な情報だね」とポジティブに受け止め、チーム全体で改善策を議論しましょう。

これにより、ネガティブな情報が「成長の機会」として活かされ、メンバーが安心して意見を述べられる環境が生まれます。

一方、心理的安全性が低い組織では、リーダーが質問を投げかけるだけで議論が深まらず、メンバーが積極的に参加しづらいものです。悪い情報がリーダーに届かないことほど危険な状況はありません。絶対に、「そんなことになっているとは知りませんでした」という状況にしてはいけないのです。

ネガティブな情報を責めるのではなく、成長の材料として捉える姿勢が、メンバーの主体性を引き出し、組織を危険から遠ざける鍵となります。

「失敗や批判を歓迎する文化」というと、「甘えが許されるぬるい職場」にしてしまわないか心配になるかもしれません。

その懸念は、「要望のレベルを維持する」ことで解消できます。

たとえば、悪い報告に対して「ありがとう、その報告はとても大事だ」と言いながらも、「ただし今回、この目標は譲れない。どう対処すべきか考えよう」と、要望のレベルを下げることなく対策を相談し、具体的な行動を促すのです。

メンバーに安心感を与えつつも高い要求を維持することで、ぬるま湯の状態に陥る

のを防ぐことができます。

■優しくて弱い自分を見せる

心理的安全性を高めるためには、実はリーダーが「弱さ」を見せることが、特に有効です。重要なのは、リーダー自身が「すべてを理解している」ふりをせず、必要に応じてチームに助けを求める姿勢を示すことです。

たとえば、「〇〇を目指したい」と伝える場面では、「みなさんの力がなくてはとても実現できない。力を貸してほしい」や、「今回の件は私一人では対処が難しいので、ぜひ力を貸してほしい」と部下を頼りましょう。

こうした言葉は、会議の場はもちろんのこと、休憩室や一対一の場でも効果的です。相談を受けたメンバーは、「信頼されてうれしい」と感じ、支えたい気持ちが高まります。ただし、**「弱さを見せる」ことは、「弱いリーダーである」こととは異なります。リーダーとして譲れない一線を明確に持ちながら、自分の課題や不安を共有するバランスがポイントです。**

報告体制に関して、私にも失敗談があります。

新人の部下が、契約書を間違えて別の会社に送ってしまった際、部下から報告が上がってきませんでした。後になってわかったのは、部下が間違えた送付先に「間違えて送ってしまい申し訳ございませんでした。破棄していただけますか」と、悪気なくお願いし、それで一件落着したと思い込んでいたことです。

しかしこれは、情報漏洩に該当する重大な問題です。ひょんなことでその事態がわかり、最終的に上司である私が会社から報告体制の不備を厳しく叱責される結果となりました。

この経験から学んだのは、**部下には何が問題であるかを正確に把握できないことが**

多い、ということです。そのため、どんな些細なことでもかならず報告してもらう必要があります。

「とにかくどんなことでも報告を」と何度も伝えておきましょう。

心理的安全性が高まると、チームはネガティブな状況にも柔軟に対応し、建設的な解決策を生み出せるようになります。

リーダーがメンバーとの信頼関係を築き、ポジティブな対話を重ねることで、チームが成長します。弱さを適度に見せる姿勢が、報告しやすい環境を作り、信頼関係の基盤となるのです。

関連Keyword

- 会議①⇒222ページ
- リスクマネジメント⇒240ページ

チームビルディング
07

「察してくれない」前提で本人と直接、会話する

■ハラスメントとチームの雰囲気に与える影響

「パワハラ」や「モラハラ」などのハラスメント問題は、どの職場でも重要な課題です。これらは上司だけでなく、優越的立場にある職場の先輩が行う場合も含まれるため、リーダーはチーム全体に目を配る必要があります。

最近では、職場で不機嫌をまき散らす「フキハラ（不機嫌ハラスメント）」という言葉も使われるようになりました。リーダーやメンバーによるこうした行為は、チームの士気やパフォーマンスに深刻な影響を及ぼします。

明確なハラスメントとまではいえない場合でも、コミュニケーションに問題があるメンバーには、適切な注意を促すことが必要です。

「察してくれるだろう」と期待しても、うまくいかないことがほとんどです。「察せられる人」であれば、そもそもハラスメント行為には至らないからです。

対話には、Part2「アサーション」でも紹介した「DESC法」が有効です。

この方法を使ったフキハラが疑われるメンバーとの対話例を見てみましょう。

教えてもらっていい？
朝礼で新人があいさつしたとき、無視をしているように見受けられたから
気になっているんだよね。

まずは、そのように「見えている」という事実を伝えます（Describe：描写）。無視したよね、と決めつけてはいけません。

みんなのお手本であるAさんがそういう状態に見えると、他のメンバーがやりにくいんじゃないかなと思っているんだ。誤解ならもったいないし。職場を預かる私としては、この状況は好きではないんだよね。

無視したように見えることで、周囲にどんな影響が出ているか説明し、リーダーの思いを伝えます（Explain：示す）。

そこでお願いなんだけど、何か事情があるならぜひ教えてほしいと思っている。どうかな？

解決に向けて話を聞きたいことを提案（Suggest：提案）し、相手に選択を委ねます（Choose：選択）。このような感じで、**対話を通じて本人に「気づき」を促し、行動の見直しをサポートしましょう。**

ここでの対話を成功させる鍵は、相手の話を徹底的に聞き、気持ちを吐き出させることです。それには、**相手の話を十分に引き出してから、共感や提案を行う「後出しジャンケン」（106ページ）が有効です。**

「そうだったんだね」「それは困るよね」「だからこそ聞いていい？」「どんなことが？」「他には？」と、ひたすら共感しながら聞き出すことで、相手の気持ちや背景が見えてきて、効果的な解決策を導きやすくなります。

ハラスメント問題におけるリーダーの重要な役割は、コミュニケーションから「逃げない」こと。積極的に対話し、相手に気づきを促して問題を解消していきましょう。

関連Keyword

● 聞く③／困ったときの対処法 ⇓ 120ページ

● アサーション ⇓ 126ページ

チーム
ビルディング
08

誰が「会議の司会者」をしているかでチームの状況がひと目でわかる

会議のファシリテーター（進行役）は誰？

チームで行う会議やミーティングの質を左右する鍵は、「ファシリテーター」にあります。ファシリテーターとは、会議の進行役のことですが、誰が務め、どのように議論を進めるかによって、チームが「優れたチーム」かどうかが見えてきます。

もし、リーダーが常にファシリテーターを務めていたら、メンバーへの権限委譲が十分に進んでいない可能性があります。一方、優れたチームでは、あらかじめ適任者に会議の進行役が割り振られており、リーダー以外のメンバー、特にナンバー2やナンバー3が司会進行を担うのが基本です。

【会議の冒頭にやるべきこと】

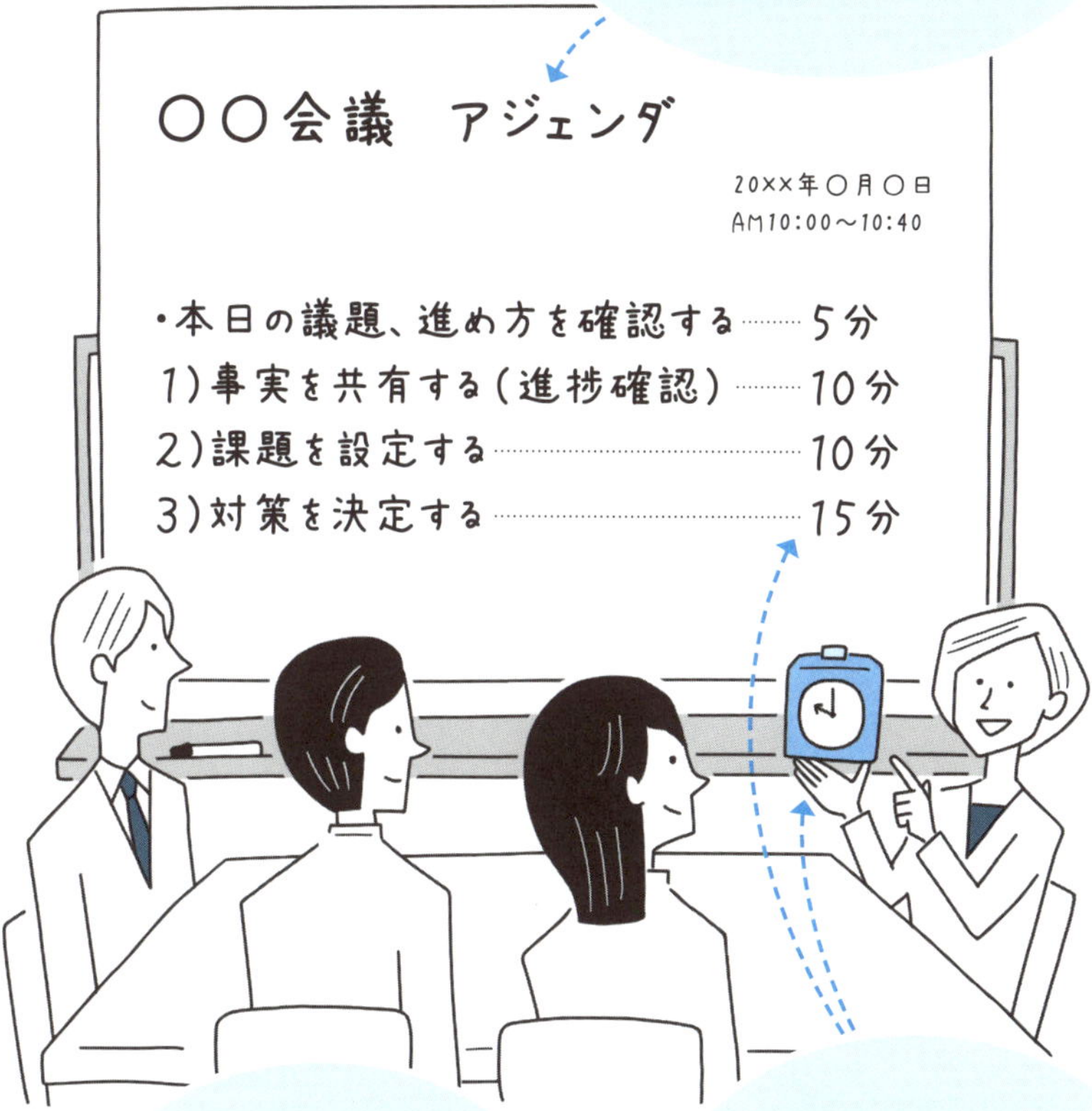

○○会議　アジェンダ
20××年○月○日
AM10:00〜10:40
・本日の議題、進め方を確認する……5分
1)事実を共有する(進捗確認)……10分
2)課題を設定する……10分
3)対策を決定する……15分

アジェンダ(議事日程)を示す

ホワイトボードやデジタルツールで議題を「見える化」し、「この議題で進めます」と伝える。

追加議題を確認する

「ほかに議題はありますか？」と尋ねる。議題の追加があれば別の議題を5分減らすなど、所要時間を調整する。

時間を可視化する

各議題の所要時間を決めて、「時間内で終える」意識を全員で共有する。

ここでは、ファシリテーターの役割と共に、効果的な会議を実現するためのポイントを順に説明していきます。

1　開始前　アジェンダ（議事日程）を明示する

まず、**会議の冒頭にはかならず、メンバー間でアジェンダを共有して、時間配分を決めましょう。**ひと手間かかりますが、効果は絶大。目的が明確で会議の流れも見えることで、メンバーも「この会議は何かいいな」と前向きに参加できるでしょう。時間内に終わるように、各議題の「所要時間」を決めておくことをおすすめします。

2　進行　全員が会話に参加する状態を作る

ファシリテーターの役割は、「議論を引き出し、回すこと」に尽きます。参加者全員に話を回し、全員が発言しやすい雰囲気を作ることで、議論を活性化しましょう。

ポイントは、ファシリテーターが「会議の進行役」に徹し、議論には加わらないことです。「それは○○ですよ」と回答したり、意図を含んだ発言をしたりすると、議論を誘導してしまい、かえって意見がまとまらなくなります。

【ファシリテーションのよい例と悪い例】

よい例

メンバー同士の意見交換を促し、横の会話を生む。

悪い例

各メンバーに、一方的な質問、伝達、回答をするだけで議論が深まらない。メンバー間の対話もない。

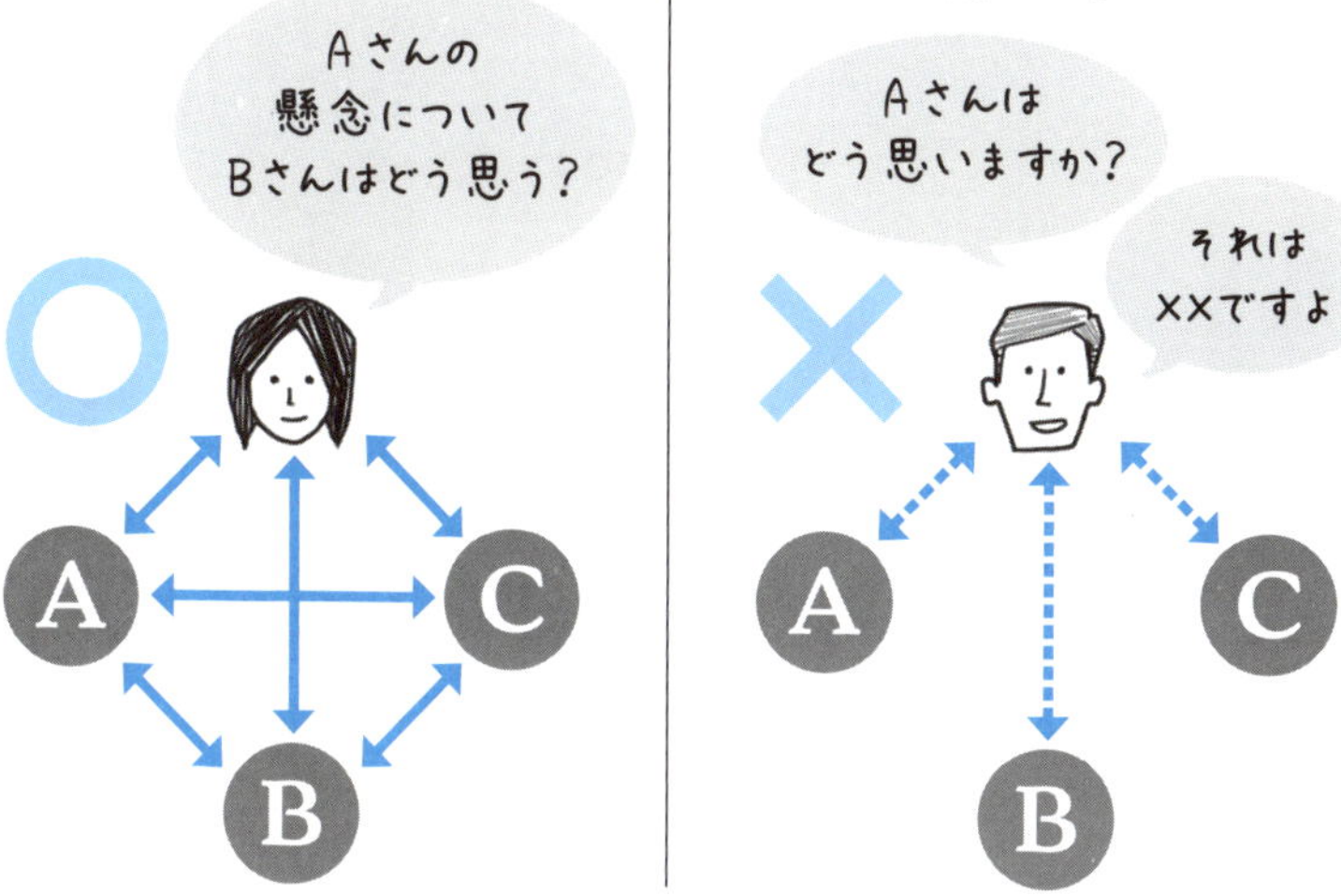

リーダーが会議を進行すると、どうしても参加者がリーダーの意向を「忖度」しがちになります。メンバーが発言しづらくなることもあります。

そのため、**リーダー以外のメンバーがファシリテーターを務めるほうが、発言の自由度が高まり、中立的な視点で議論を深めることができます。**リラックスした雰囲気の中で幅広い意見が引き出され、チームとしてよりよい結論にたどり着けるでしょう。

ファシリテーターを任せると会議が育成の場になる

リーダーとファシリテーターを分けると、ファシリテーターは進行役に専念し、リーダーは意思決定に集中できます。この役割分担により、会議の効率が上がり、組織全体の生産性も高まります。

さらに、**ナンバー2やナンバー3のメンバーに進行を任せることで、その会議は次世代リーダー育成の場としても機能します。**議論をまとめるスキルや場を動かす力を育む絶好のトレーニングになるからです。

候補者には、「次の会議でファシリテーターを任せたいから、自分が進行役をするつもりで参加してね」と声をかけ、準備を促しましょう。こうした経験を積むことで、次世代リーダーの成長を後押しできます。

3　収束　会議を決着させる

最後に、会議を時間内に終わらせて、結論に導く3つのテクニックを紹介します。

〈判断基準を明確にする〉

各案について「効果」「実行性」「コスト」といった観点で評価する「意思決定マトリクス」（58ページ）を活用すると、スムーズに結論を出すことができます。会議中に点数化すると時間がかかるので、拍手や簡単な投票を活用するとスマートです。

〈時間を意識して進める〉

残り時間が少なくなった場合、ファシリテーターは明確に時間を伝えましょう。

「あと5分なので、何が何でもここで決めましょう」と声をかけ、議論を締めくくる意識を全員に持たせることが重要です。

〈〝場外〟で考えてもらう〉

意見が分かれて議論がまとまらない場合に備えて、ファシリテーターは、次のステップに進むための柔軟な選択肢を用意しておきましょう。

「まずは、この部分だけでも決めましょう。」

「残り1分ですので、ここは課長に決めてもらいましょう。どうでしょうか?」

「もう時間ですので、最後の件については会議後に担当者間で決めてもらうのはいかがですか」

このように、「会議とは別のテーブル（場外）で解決する」選択肢があることで、時間通りに会議を締めくくることができます。

押し付けないで、結論へと導く

ときには、リーダーが「私はAでいきたい」と明確に意向を示し、決断したほうがいいこともあります。そのときは、**一方的な押し付けにならないよう、伝え方に工夫が必要です。**

たとえば、「今回のプロジェクトは2週間というタイトなスケジュールなので、私は

A案が最も現実的だと思っています」と、具体的な理由を添えて伝えます。

そのうえで、「この方向で進めたいのですが、懸念点はありますか?」と意見を引き出します。このひと言があるだけで、「全員で選んだ結論」という雰囲気を作り出せます。「A案を進めてみて、課題が出たら再検討しましょう」と柔軟な姿勢で調整の余地を持たせると、より安心感を与えられるでしょう。

率直な意見と、丁寧な説明を組み合わせると、判断への納得感が生まれます。

会議の進行とファシリテーションは、組織の文化を作り上げる重要な要素です。「アジェンダの設定」「参加者全員が発言しやすい環境づくり」「意思決定のスムーズさ」を実践すると、会議の質を劇的に向上させることができます。

参加者全員に納得感があり、時間通りに終わる会議にしていきましょう。

関連Keyword

● 決断力⇒56ページ
● アサーション⇒126ページ
● 会議②⇒230ページ

チーム
ビルディング
09

意見が出ない会議の不安は雑談と「スクライブ」で和らげる

なぜ沈黙が続いてしまうのか

ファシリテーター（会議の進行役）が意見交換を促しても、「特にありません」と返されたり、場がシーンと静まり返ったりすることは珍しくありません。

このような状況に陥る理由は、主に2つあります。

1つは、「何を言えばいいのかわからない」、もう1つは「こんな発言をしていいのか不安」という理由です。

そんなときは、「では、どんなことが考えられるか、隣の人と3分だけ会話してみよう」と提案してみてください。

短いペアでの対話を挟むことで、考えるきっかけが生まれ、自由に話せる雰囲気が作られます。発言のハードルが下がることで、「わからない」「不安」といった理由が自然と解消され、場が和らぎます。

その後、「どんな意見が出ましたか?」と問いかけて、全体で共有していきます。

それでも意見が出なかったら、もう一度短い話し合いの時間を取り、焦らずに進行することが大切です。

議論を可視化する「スクライブ」の力

口頭での議論では、意見が流れてしまい、理解が追いつかないことがあります。

【効果的なスクライブのコツ】

ポイントを絞る

課題、提案、結論など重要なポイントやキーワードを抽出して書く。

視線を意識する

参加者が見やすい位置やサイズで書く。情報を詰め込み過ぎない。

シンプルに見やすく

情報の種類や重要度で色分けしたり、枠、矢印、番号などで流れを示したりする。

この問題を解消するのが、「スクライブ(Scribe)」の活用です。

スクライブとは、議論内容や意見を記録・整理することで、ホワイトボードや付箋、デジタルツールなどで「見える化」する手法です。

参加者の意見が記録されることで、自分の意見が認められたという「承認感」が生まれ、発言意欲が高まります。

また、ホワイトボードや画面上で「今何を話しているのか」を全員が把握でき、議論についていけない人も減るはずです。

議論が脱線した場合も、可視化された内容に立ち戻ることで、ファシリテーターも脱線した人も、話の流れを軌道修正しやすいでしょう。

会議の終盤には、「本日の議論を振り返りましょう」とスクライブの内容を使うことで、合意形成や意思決定をスムーズに進めることもできます。

ファシリテーターがスクライブを兼任することもできますが、議論が活発なら、専任の記録係を設けるほうが効果的です。

スクライブは、議論の内容を「見える化」して会議を効率化し、活性化させる強力なツールです。全員が情報を共有し、心理的安全性を感じられる場を作ることで、より深い議論と効果的な意思決定が可能になります。

次回の会議で、ぜひスクライブを試してみてください。

関連Keyword

- 聞く③／困ったときの対処法 ⇒ 120ページ
- 心理的安全性 ⇒ 212ページ
- 会議① ⇒ 222ページ

チームビルディング 10

問題を「見立てる力」がチームを進化させる

ロジカルシンキングがチームの問題解決力を高める

ロジカルシンキングとは、物事を筋道立てて考える「論理的思考」のことです。

このスキルは、複雑な問題に対処し、最適な解決策を導き出す際に役立つだけでなく、わかりやすく伝える力も強化します。そのため、チームの課題解決を進めて成果を高めることができ、メンバーからの信頼獲得にもつながります。

大半の人は、感覚的なアプローチに陥りやすく、ロジカルシンキングに苦手意識を持っています。でも安心してください。実は難しいことではありません。

ロジカルシンキングの本質は「すべての要素を検討したうえで最善の策を見つける

手順を知ること」です。そう、あくまでも〝手順〟なのです。

そのため、ロジカルな人とは、頭のいい人のことを指すのではなく、「問題解決の手順を知っている人」を指します。手順を理解すれば、誰でもロジカルに問題解決できるのです。

ここでは、私がロジカルシンキング研修で紹介している「問題解決の3ステップ」を紹介します。

ステップ1　解決すべき「問題」を絞る
ステップ2　要因を追求し、「課題」を絞る
ステップ3　「複数の解決策」を検討し、対策を絞る

「問題」を絞るステップ1では、「本当に解決すべき問題」を正しく特定することが重要です。思いつきで「これも問題、あれも問題」と挙げるのではなく、重要なポイントだけに絞り込みます。

ロジカルな人は、やるべきことを絞る人と考えるとわかりやすいでしょう。

適切に問題を絞り込むために、「問題を見立てる力」を養いましょう。問題を次の3つのレベルに分類することで、問題の本質を捉えやすくなります。

レベルI　目の前で起きている問題

1年目リーダーが真っ先に取り組むべきものは、現在進行形で起きている問題です。たとえば、残業の増加や納期の遅れなど、今解決すべきことに目を向けます。

レベルII　今後、問題になりそうなこと

現時点ではトラブルの恐れはありませんが、将来に備えたリスクマネジメントとして対応していきたいものです。レベルIの後に、徐々に取り組みましょう。

レベルIII　よりよい方法の模索

現状をよりよくする方法があるのに、リスクを恐れて取り組めていない改善策を問題と捉えます。新任リーダーにとっては難易度が高い課題ですが、意識するだけでも成長につながります。

【3つのレベルの問題】

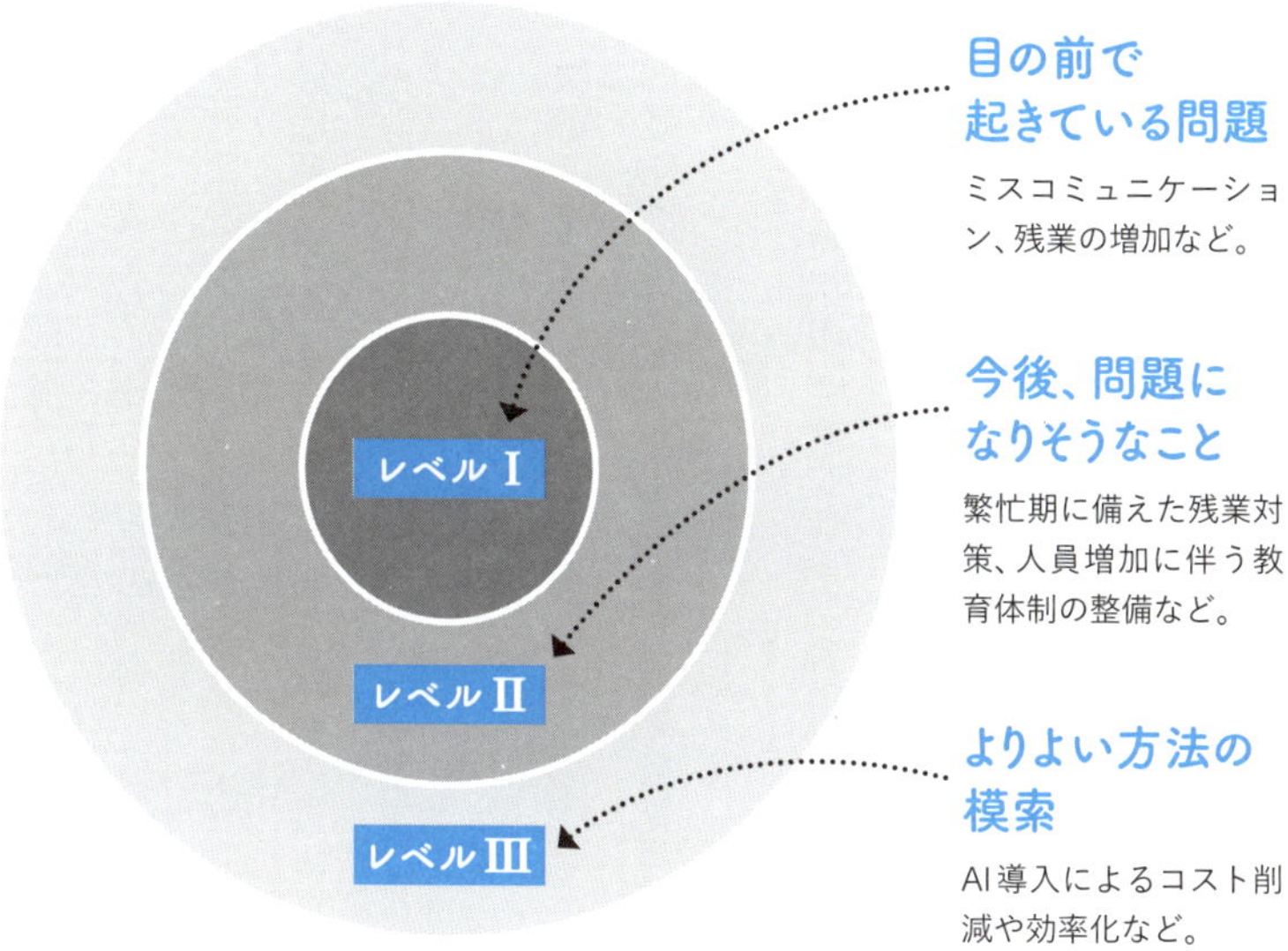
レベルⅠ
レベルⅡ
レベルⅢ
目の前で起きている問題
ミスコミュニケーション、残業の増加など。
今後、問題になりそうなこと
繁忙期に備えた残業対策、人員増加に伴う教育体制の整備など。
よりよい方法の模索
AI導入によるコスト削減や効率化など。

もし、取り組むべき問題が特定できない場合は、上司に相談してみましょう。会話を通じてヒントを得たり、優先順位を明確にしたりする手助けになります。

対策から考えると失敗する

問題を絞り込んだら、「課題」を絞るステップ2に進み、その後に「複数の解決策」を検討し、対策を絞るステップ3に取り組みます。

しかし、**非ロジカルなアプローチでは、ステップ2の課題の特定を飛ばして、いきなりステップ3の解決策を考えることが多いのです。**

たとえば、「会議室が満室」という問題があるとします。
非ロジカルなアプローチの場合、「近くの会議室を借りればいいのでは?」と思い付きで対策を検討し始めます。「この付近にも、綺麗で安い会議室がいっぱいある。これで問題解決だ」とばかりに貸会議室の資料を集め、提案書を作成するかもしれません。
しかし、問題の本質を見落としているため、上司に提案しても「よくわからないな」と却下されることが多いのです。

ステップ2が抜け落ちるのは、「問題」と「課題」を混同していることが主な原因です。このケースにおける問題と課題を整理してみましょう。

〈問題〉現状の困りごと＝「会議室が満室で取れないこと」
〈課題〉問題解決のために取り組むべきこと＝「会議室の利用効率を改善する」

課題を絞り込むには、「何を解決すれば問題がなくなるのか」を考えます。
たとえば、「過剰な会議」「部屋割りのムダ（8人部屋を2人で使用）」「利用時間の偏り」といった仮説を立て、それぞれを検証して真の課題を特定します。

課題が「部屋割りのムダ」と特定されたら、次にステップ3「複数の解決策を検討し、対策を絞る」に進みます。「可動式パーティションの導入」や「少人数部屋の増設」など複数の解決策を比較検討し、最適なものを選びます。これにより、思い付きではなく、根拠に基づいた解決策が導き出せます。

すれ違いを防ぐために

ロジカルシンキングは、課長や部長職の多くが自然と身につけていますが、主任クラスでは「そこまで考えたことがない」という人が目立ちます。**そのため、課題の認識や要因の深掘りに差が生じ、部下は「なぜ提案が受け入れられないのか」と戸惑い、上司は「準備不足だ」と感じるすれ違いが起こりがちです。**

「課題は何か」を考える習慣を持つことで、このギャップを埋めていきましょう。

関連Keyword

- マネジメント（PDCA）⇓47ページ
- 業務改善⇓205ページ
- リスクマネジメント⇓240ページ

チームビルディング 11

リスクを味方にして不安を安心に変える

どんな環境でもリスクは存在する

リーダーとしてチームを率いる際、リスクマネジメントは欠かせないスキルです。どんな環境にもリスクは存在し、それを無視するとチームやプロジェクトが大きなダメージを受ける可能性があります。しかし、適切にリスクマネジメントを行えば、思わぬ問題が発生しても冷静に対処でき、チーム全体の安定感と成果が確実に向上します。

一見難しそうですが、基本のステップを踏むだけで効果を実感できます。

リスクマネジメントの核は、「リスクを洗い出し、備えること」です。プロジェクトや日常業務で発生しうるリスクを事前に整理し、それに対処する準備を整えておくことで、チームは慌てることなく乗り越えられます。

リスクは存在して当たり前のもの。だからこそ、事前に備えることがリーダーの責任です。

リスクマネジメントは、チームを守り、成果を確実にする「盾」として、リーダーの強力な武器になるでしょう。

リスクマネジメントは、次の3ステップで実践することが基本です。

ステップ1　リスクの洗い出し

プロジェクトや日常業務で考えられるリスクをリストアップします。

たとえば、納期に間に合わない、予算を超えてしまう、メンバーの急な休職や退職、書類やデータ入力のヒューマンエラー、取引先とのトラブル発生……など、**この段階では、大小問わず思いつく限り書き出します。**

【リスク評価&対策のマトリクス】

想定リスク	評価	予防策	事後対応策
期待するレベルに至らない	△	補助ツールを作成	先輩とのペア制にする
顧客から担当替えを求められる	×	引き継ぎ前から帯同させておく	マネージャーが一緒に担当する
スキル習得が遅い	△	勉強会を実施	任せる仕事を変える
任せたことで残業が増える	○	任せる前に業務の見直しをする	仕事のサイズを小さくする

ノートやExcelを使い、リストとして「見える化」するだけで、頭の中が整理され、見落としを防ぐ効果があります。

ステップ2　リスクの評価

次に、書き出したリスクを「発生確率」（リスクが実際に発生する可能性）と、「影響度」（リスクが発生したときに周囲に与える影響の大きさ）の2軸で評価します。

上のような「リスク評価&対策のマトリクス」を活用すると、優先して対策を講じるべきリスクが見えてきます。点数化して評価し、細かく分析することもできますが、1年目リーダーには、○△×や「高・中・低」を使った簡易評価で十分です。

ステップ3　予防策と事後対応策の検討

評価を終えたら、重要度の高いリスクに対して「予防策」と「事後対応策」をセットで考えておきます。

〈予防策〉　そのリスクが発生しないようにするための準備

〈事後対応策〉　リスクが発生してしまった場合にどのように対処するか

これらを事前に検討しておくだけでも、不測の事態に対する準備が整い、安心して業務を進めることができます。

迅速な報告の重要性

リスクマネジメントを行ううえで欠かせないポイントがあります。

それは、「報告のルールを決めておくこと」です。メンバーからの報告がスムーズに行われることで、リーダーは迅速な対応が可能になります。

報告ルールの大原則は「第一報は迅速に行う」（拙速で構わない）です。「何か問題が起きそうだ」と感じた時点で、即座に報告する文化を作ります。

正確な情報を待たず、スピード重視で報告するように徹底しましょう。

たとえ心の中で「それでは詳細がわからない」と思っても、「連絡ありがとう。次の報告を待っています」と答えるようにしてください。（216ページの話に登場した、契約書の送信先を間違えた部下に教えておけば……、と反省したものです）

ここで、かっこいいセリフを紹介しておきましょう。

ちょっとしたことでも構いません。責任は私が取るので、どんどん私にリスクをパスしてください。

リスクは熱い「火の玉」のようなもので、抱え続けるとやけどしてしまいます。ですから、「火の玉」を一刻も早くリーダーにパスするよう、メンバーに繰り返し伝えましょう。そして、リーダー自身も、リスクを迅速に上司へ報告することを心がけてください。「報告の徹底」は、チームに安心感を生み出す土台です。問題を抱え込まないで、早めに報告し合ってチームで対処する習慣をつけましょう。

リスクマネジメントは経験を通じて学ぶもの。最初は、リスクの洗い出しだけでも構いません。まずは基本を押さえ、実践の中で少しずつ改善していきましょう。

関連 Keyword

- 決断力 ⇒ 56ページ
- 心理的安全性 ⇒ 212ページ

チーム
ビルディング
12

「見える化」でメンバー全員を主役にする

プロジェクトの全貌を「見える化」する

メンバーがバラバラで「自分の仕事しか見えていない」状態では、チームの連携が弱まり、貢献意欲も低下しがちです。

この状況を改善するには、WBS（Work Breakdown Structure）を活用して、チームの取り組みを「プロジェクト」として可視化するのが効果的です。

プロジェクトとは、特定の目標を達成するために期限内で行う一連の活動を指しますが、チームの仕事も「ある目的」に向けた活動である以上、実質的にプロジェクトといえます。

【役割を明らかにする「WBS」】

レベル1		レベル2		レベル3		担当
100	セットアップ	110	基本設計	111	目標設定	
				112	マイルストーン決定	
				113	組織設計	
				114	リスクヘッジ策の決定	
				115	ガントチャート作成	
200	スタート	210	キックオフ	211	レジメ作成	
		220	社内告知	221	店長への説明	
				222	部長会での説明	
300	情報収集	310	店長からの情報収集	311	データ入力	
				312	入力催促	
		320	弊社への情報送信	321	情報送信	
400	情報分析	410	情報分析	411	情報分析	
500	対策案の作成	510	対策案の提示	511	全体の投資策	
				512	媒体A(R媒体)	
				513	媒体B(R媒体以外)	
				514	とりまとめ	
600	対策の決定	610	予算決定	611	予算決定	
				612	予算配分の決定	

通し番号を振ると、
どのタスクの話か特定しやすく、
すれ違いを防げる。

各タスクの担当者を
決めて明示する。

ＷＢＳは、プロジェクトを階層的に分解し、各タスクの担当者とその役割を明確にする手法です。

これを使うと、自分のタスクだけでなく、チーム全体の進捗や他のメンバーの作業状況、役割分担を「見える化」できます。

そして、自分のタスクがチーム全体の目標達成にどう貢献するかを実感できることで「自分ごと化」が進み、メンバーの責任感や貢献意欲が自然と高まります。

その結果、「誰か一人だけが重要な役割を担う」のではなく、全員が「主役」として活躍できるチーム環境が整います。

WBSの実行を支えるガントチャート

ＷＢＳは、計画づくりの精度を向上させますが、それを実行に結びつける形で管理するためには、「ガントチャート」が有効です。

左の図は、ＷＢＳの横に時間軸を作り、各タスクの作業日程を加えたガントチャートです。プロジェクト全体のスケジュールが図式化され、「今どこまで進んでいるのか（進捗状況）」「ほかの人がいつ、何をするのか」を全員で共有できます。

【スケジュールを明確にする「ガントチャート」】

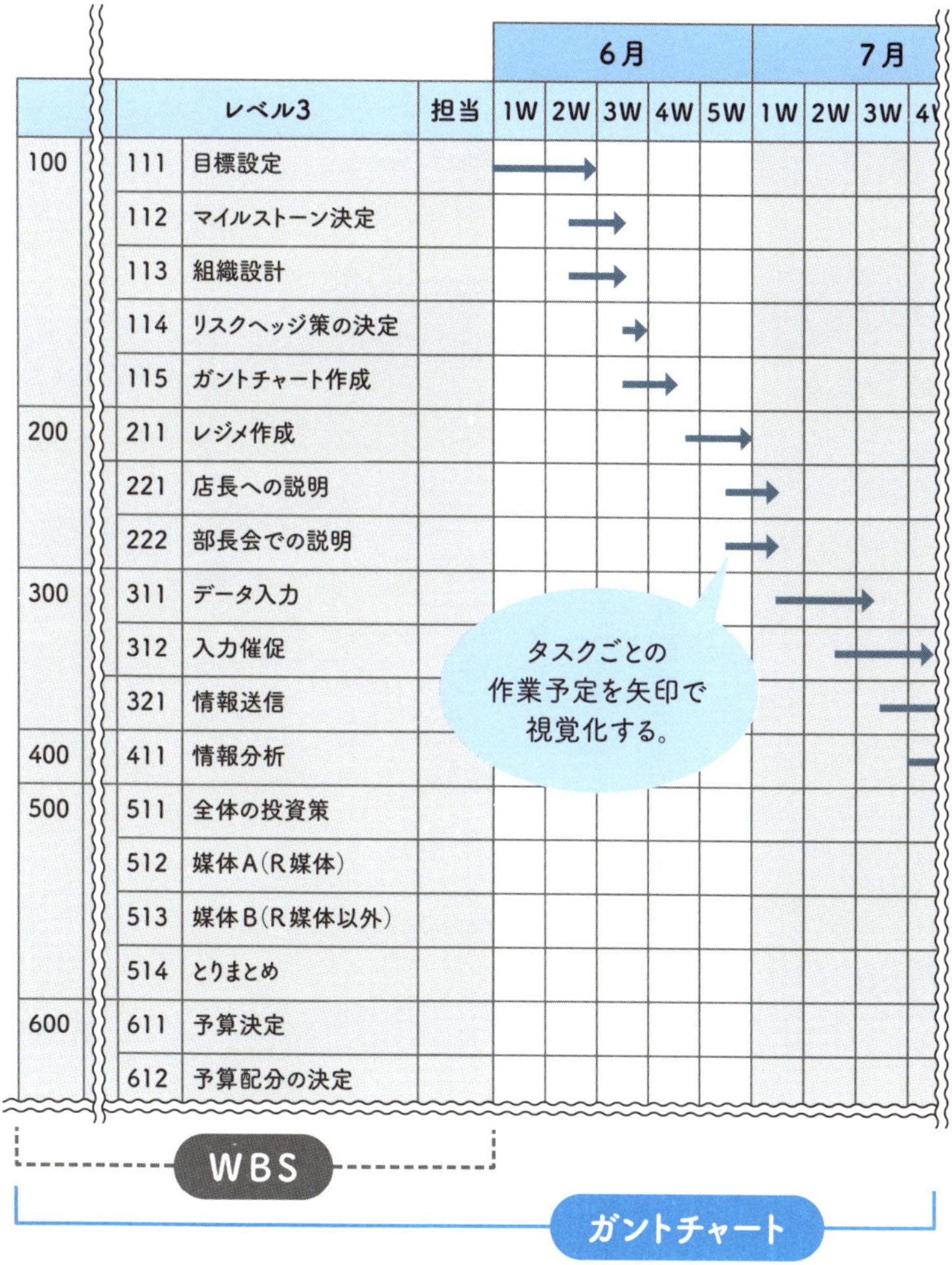
6月
7月
レベル3
担当
1W
2W
3W
4W
5W
1W
2W
3W
100
111 目標設定
112 マイルストーン決定
113 組織設計
114 リスクヘッジ策の決定
115 ガントチャート作成
200
211 レジメ作成
221 店長への説明
222 部長会での説明
300
311 データ入力
312 入力催促
321 情報送信
400
411 情報分析
500
511 全体の投資策
512 媒体A（R媒体）
513 媒体B（R媒体以外）
514 とりまとめ
600
611 予算決定
612 予算配分の決定
タスクごとの
作業予定を矢印で
視覚化する。
WBS
ガントチャート

「自分のタスクの前後は誰が担当して、いつ始まる（終わらせる）のか」といった情報もひと目でわかるため、メンバー同士が協力し合える環境が整います。

進捗状況や問題点をオープンに話し合う

ＷＢＳやガントチャートを活用する際には、リーダーがすべてを一方的に決めるのではなく、メンバーと相談しながらタスクの割り振りやスケジュールを作成・調整することが重要です。

草案の段階でミーティングを行い、「３１１番のデータ入力は誰ができますか？」と役割を話し合ったり、「この作業日数で問題ないですか？」と確認したりしながら、計画を作り上げていきます。**メンバーの意見を反映していくことで、全員が納得できる計画を作成でき、チーム全体の士気が高まります。**

プロジェクトの進行には、ＰＤＣＡのＣ（Check：検証）が欠かせません。進捗状況を定期的に確認し、必要に応じて計画を調整する必要があります。

たとえば、あるタスクの締め切りを延長する必要が出た場合、後続の担当者と話し合い、「この作業が遅れますが、その後のスケジュールに影響はありませんか？」と確認します。影響が出る場合は、ほかのメンバーの協力を得て調整するなど、プロジェクト全体をスムーズに進めるための柔軟な対応が求められます。

ＷＢＳやガントチャートを活用することで、「自分一人ではなく、みんなで達成している」という一体感が生まれます。プロジェクトを通じてメンバー全員が補完し合い、それぞれの力を最大限に発揮できる場を作り、チーム全体で成功を掴み取りましょう。

関連Keyword

- 組織の3要素 ⇒ 28ページ
- マネジメント（PDCA）⇒ 47ページ

おわりに

本書で紹介している内容は、リーダーになったら覚えておきたいスキルや知識ばかりです。KPIの項目（78ページ）で、「多すぎるKPIが現場を疲弊させる」と解説しましたが、リーダーにも同じことがいえます。あれこれやろうと手を広げすぎると中途半端になり、結果的に消化不良を起こしてしまいます。

まずはこの本で気になるキーワードを拾い読みしたり、行動に移しながら読み返したりして、実践に役立てていただけると幸いです。

「はじめに」でもお伝えした通り、リーダーは「持って生まれた資質」ではなく、「仕事上の役割」にすぎません。たとえば、子どもには親としての顔を、取引相手にはビジネスマンとしての顔を見せるように、私たちは相手や場面に応じてふるまいを変えるものです。リーダーとしての顔もその1つ。

最初は違和感があっても、「リーダーだったらどうすべきか」を考えながら役割を演じていくうちに、少しずつ成長し、中身が伴っていきます。

実をいうと、小学生時代の私は6人グループの班長さえ避けていました。前職のリクルートで営業リーダーに就任するまでは、リーダーになることから逃げ続けていたのです。それでも、営業リーダー、マネージャー、部長、関連会社（社内ベンチャー）の代表を務め、独立後は研修講師として累計2万人を超えるリーダー職の皆様にレクチャーしてきました。これができたのは、リーダーの役割を演じるなかで、ふさわしい自分に成長していけたからです。

今では、リーダーほど面白い仕事はない、と心から感じています。

失敗を恐れず、リーダーとしての一歩を踏み出してください。最初はぎこちなくても、歩み続けるなかで、かならず自分だけのリーダー像を見つけることができるはずです。

リーダーとして歩みを進めるみなさんを、心から応援しています。

伊庭正康

【主な参考資料】

株式会社らしさラボ　https://www.rasisalab.com/

『最短で目標達成できる最強のマネジメント術　任せるリーダーシップ見るだけノート』（宝島社、伊庭正康監修）
『それ、捨ててみよう　しんどい自分を変える「手放す」仕事術』（WAVE出版、伊庭正康著）
『強いチームをつくる！　リーダーの心得』（明日香出版社、伊庭正康著）
『できるリーダーは、「これ」しかやらない』（PHP研究所、伊庭正康著）
『できるリーダーは、「これ」しかやらない 聞き方・話し方編』（PHP研究所、伊庭正康著）
『なぜ、一流は歩きながら仕事をするのか？』（クロスメディア・パブリッシング、伊庭正康著）
『目標達成するリーダーが絶対やらないチームの動かし方』（日本実業出版社、伊庭正康著）

索引

著者

伊庭正康（いば・まさやす）

株式会社らしさラボ　代表取締役

京都府生まれ。1991年リクルートグループ入社後、法人営業職として従事。プレイヤー部門とマネージャー部門で年間全国トップ表彰を4回受賞（社内表彰は累計40回以上）。営業部長、社内ベンチャーの代表取締役を歴任後、2011年に企業研修を提供する（株）らしさラボを設立。年200回を超えるセッション（リーダー研修、営業研修、コーチング、講演）を行い、リピート率は9割を超える。また、オンライン学習「Udemy」で多数の人気講座をリリース。YouTube（登録者数20万人）や音声メディア「Voicy」でもビジネススキルを発信している。『できるリーダーは、「これ」しかやらない』（PHP研究所）『強いチームをつくる！リーダーの心得』（明日香出版社）など著書多数。

STAFF

本文デザイン　八月朔日英子
本文イラスト　村山宇希
校正　渡邉郁夫
編集協力　鳥海紗緒梨、高野恵子（オフィス201）
編集担当　遠藤やよい（ナツメ出版企画）

本書に関するお問い合わせは、書名・発行日・該当ページを明記の上、下記のいずれかの方法にてお送りください。お電話でのお問い合わせはお受けしておりません。
・ナツメ社webサイトの問い合わせフォーム
https://www.natsume.co.jp/contact
・FAX（03-3291-1305）
・郵送（下記、ナツメ出版企画株式会社宛て）
なお、回答までに日にちをいただく場合があります。正誤のお問い合わせ以外の書籍内容に関する解説・個別の相談は行っておりません。あらかじめご了承ください。

ゼロからわかる　チームのつくり方《かた》大全《たいぜん》

2025年4月7日　初版発行

著　者　伊庭正康《いばまさやす》

発行者　田村正隆
発行所　株式会社ナツメ社
東京都千代田区神田神保町1-52　ナツメ社ビル1F（〒101-0051）
電話 03-3291-1257（代表）　FAX 03-3291-5761
振替 00130-1-58661
制　作　ナツメ出版企画株式会社
東京都千代田区神田神保町1-52　ナツメ社ビル3F（〒101-0051）
電話 03-3295-3921（代表）
印刷所　ラン印刷社

ISBN978-4-8163-7695-5
Printed in Japan
＊定価はカバーに表示してあります
＊落丁・乱丁本はお取り替えします